KB183251

"갈망하라, 우직하게 나아가라, 남다르게 생각하라."

Stay Hungry, Stay Foolish, Stay Different.

스티브 잡스

"위험을 감수하지 않는 것이야말로 최대의 위험이다."

The biggest risk is not taking any risk.

마크 저커버그

"충분히 중요한 일이라면, 성공 확률이 낮더라도 도전하라."

When something is important enough,

you do it even if the odds are not in your favor.

일론 머스크

THE

HACKER

내 인생의 OS를 바꾸는
6가지 해커 마인드셋

개럿 지 지음 — 심채원 옮김

해커의
비밀 노트

MINDSET

글의온도

경쟁자에게 보여주고 싶지 않은 6가지 해커 마인드셋

우리는 대개 시스템에 순응하면서 거대한 기계의 톱니바퀴로 살아가는 데 만족한다. 하지만 이것이 우리가 선택할 수 있는 유일한 삶의 방식일까?

해킹이란 기존의 틀을 깨는 것이다. 시스템의 기본 가정을 넘어, 예상치 못한 경로로 가장 빠르게 목표에 도달하는 것에 초점을 둔다. 실제로 뛰어난 해커이기도 한 저자는 이 해킹의 원칙과 방법론을 삶에 적용함으로써, 시스템 속에서도 주체적인 삶을 살 수 있는 방법을 제시한다. 이 책은 이를 실현할 수 있는 6가지 원칙과 5단계 방법론을 소개한다. 더 나아가 이 원칙들을 경력 관리, 창업, 경제적 자유 달성 등 삶의 다양한 영역에 적용하는 구체적인 방법을 보여준다.

당신의 잠재력을 최대한 끌어올리고 싶은가? 이 책의 원리를 활용하라. 공격적으로 사고를 전환하고, 삶을 리버스 엔지니어링하라. 이 책은 인생의 주도권을 쥐고 원하는 목표를 달성하는 데 필요한 모든 도구를 당신에게 제공한다. 이 안에 담긴 기본 마인드셋은 내가 쓴 《커넥팅》에서 주장한 바와 일맥상통한다. 경쟁자에게 보여주고 싶지 않은 책이다.

신수정_ KT 부사장, 《커넥팅》 저자

감춰진 규칙을 찾아내면 새로운 성장의 길이 열린다

삶의 방향을 스스로 결정하고, 문제를 해결하는 능력을 갖추고 싶은 사람들에게 이 책은 큰 영감을 준다. 특히 "감춰진 시스템을 찾아내라"라는 문장은 핵심 주제를 함축적으로 드러낸다.

일상에 존재하는 보이지 않는 규칙과 제약을 깨닫고 이를 극복해 나갈 때, 비로소 진정한 성장이 가능하다. 이 책은 그러한 시스템을 발견하고 돌파하는 구체적인 방법들을 제시하며, 자기계발의 본질을 깨닫게 해준다. 결국, 자신의 행복을 위해 한 발자국 다가가게 해주는 시작인 셈이다.

저자는 해커 마인드셋의 핵심인 호기심과 효율성, 그리고 투지를 통해 목표를 달성하는 방법을 명쾌하게 설명한다. 각 자질이 상호 보완적으로 작용해 최고의 성과를 이끌어내는 방법을 상세히 다루고 있으므로 변화의 필요성을 느끼고 실질적인 성장을 원한다면, 이 책이 여러분의 든든한 가이드가 될 것이다.

주언규PD

해커 마인드셋은 생산성의 본질에 대한 혁신적인 통찰을 제시한다. 해커들 사이에서 은밀히 떠돌던 전략을 일반인도 활용할 수 있게 해 준 저자의 통찰이 놀랍다.

피터 홀린스_ 글로벌 베스트셀러 작가

이 책은 컴퓨터 공학 지식이 없는 독자들도 해커들의 사고방식을 자 유롭게 체득할 수 있도록 안내한다. 해커들의 기술과 프레임워크를 통해 풍요로운 삶, 보람찬 경력, 활기찬 인간관계를 구축하는 방법을 배울 수 있을 것이다.

앤드류 유데리안_ eCommerceFuel 설립자

개럿은 독자의 삶을 분석하고 재설계하여 잠재력을 최대한 발휘할 수 있도록 실천적 방안을 제안한다. 그의 통찰로 무장한 독자는 해커의 사고방식으로 환상적인 삶을 주도적으로 만들어갈 수 있을 것이다.

짐 왕_ WalletHacks.com 운영자

일과 삶 전반에 해커의 혁신적 접근법을 적용하고 싶다면 이 책을 읽어야 한다.

피터 김_〈해커 플레이북〉 시리즈 저자

개럿은 이 책을 통해 현실에 안주하지 않고 성공을 향해 나아가려는 이들을 위한 필수 지침서를 펴냈다.

이안 숀_ Dynamite Circle 공동 창립자

창의적 문제 해결과 혁신적 사고를 추구하는 비즈니스 리더라면 이 책은 신선한 영감의 원천이 될 것이다.

앤드류 허튼_ 벤처 빌더

1부 시스템의 취약점을 발견하라

2부 인생 해커의 6가지 도구

인생 해킹 실전 가이드

추천 서문

이 책은 생산성 향상과 자기계발에 대한 열정으로 가득 차 있으며, 인생을 완벽하게 장악하고자 하는 모든 이들에게 획기적인 솔루션을 제시한다.

개럿은 해커의 관점을 일상에 접목시키는 독창적인 방식으로 우리의 사고 패러다임에 혁신을 일으킨다. 이는 컴퓨터가 아닌 인생 자체를 해킹하는 것에 관한 이야기다. 자신의 자원을 최대한으로 활용해 원하는 것을 얻어내는 천재 해커처럼 세상을 바라보고, 이해하고, 탐구하며, 자신에게 유리하게 현실을 재구성할 기회를 포착하는 법을 알려준다. 이런 관점은 삶의 여러 측면에서 효율성과 성공률을 크게 높일 수 있다.

또한, 광범위한 주제를 다루면서도, 누구나 쉽게 해커의 사고방식을 익힐 수 있도록 종합적인 생각도구를 제공한다. 리버스 엔지니어링부터 위험 감수, 사회공학까지, 인생의 도전과 기회에 대처하는 방식을 새롭게 해줄 놀라운 전략과 통찰을 담고 있다. "열심히 일하기보다는 스마트하게 일하라"는 나의 철학과도 일맥상통한다.

해커 마인드셋은 기존의 틀을 깨는 안내서다. 색다른 사고를 촉진하고, 관행에 도전하며, 독특한 전략으로 무장해 평범함을 넘어서도록 영감을 준다. 놀라운 성취를 향한 여정을 시작하고 싶은 이들에게 이 책을 강력히 추천한다.

새로운 관점으로 인생을 바라볼 준비가 되었다면, 해커의 사고방식을 받아들이고 그 무한한 가능성을 경험해보라.

여러분의 여정에 큰 행운이 있기를!

알리 압달

의사, 유튜브 〈Ali Abdaal〉 운영자(구독자 592만 명),

《기분 좋은 생산성 Feel-Good Productivity》 저자

감춰진 시스템을 발견하자
성공이 보였다

스티브 잡스는 무대 위에 느긋하게 서 있었다. 양손은 자연스럽게 늘어뜨린 모습이었다. 그의 뒤로는 거대한 스크린에 애플 로고가 실루엣으로 떠올라 있었다. 잡스는 천천히, 그러나 자신감 넘치는 목소리로 말을 이어갔다. 그의 한 마디 한 마디가 청중들의 마음에 깊이 스며드는 게 느껴졌다. 무언가 대단한 것을 준비하고 있다는 게 눈빛에서 읽혔다.

2007년 1월, 나는 맥월드에서 스티브 잡스의 기조연설을 듣기 위해 맨 앞줄에 앉아 있었다. 목에 걸린 끈에 매달린 VIP 배지를 무심코 만지작거리며 그의 연설을 지켜보았다.

"우리는 이 날을 위해 2년 반을 기다려 왔습니다."

그가 입을 열자 주변에서 환호성이 터져 나왔고, 나도 박수를 보냈다. 잡스는 애플이 그동안 내놓은 혁신적 제품들을 열거하며 더 큰 함성을 이끌어냈다. 그 열기에 휩쓸려 나도 모르게 소리치며 제품 이름을 외치고 있었다. 매킨토시, 아이팟까지 언급하던 그는 이제 선보일 새로운 혁신이 무엇일지 궁금증을 자아내며 잠시 말을 멈췄다. 미소를 머금은 채 침묵이 길어지도록 더 시간을 끌었다.

"아이팟, 전화기 그리고 인터넷 커뮤니케이터."

같은 말을 반복할 때마다 사람들은 그가 이 세 개가 아닌 어떤 하나의 제품을 이야기하고 있다는 걸 점차 깨닫기 시작했다. 함성과 박수가 이어지자 잡스는 목소리를 높여 모든 궁금증을 해소하는 일격을 날렸다.

"이것은 하나의 기기입니다. 우리는 이것을 '아이폰'이라고 부르겠습니다."

이 상징적 순간을 놓치지 않으려는 듯 언론사 카메라 플래시가 무대를 환하게 비췄다. 잠시 주위를 둘러보니 내 옆에는 애플 경영진과 업계 고위 관계자들이, 양옆으로는 각종 매체의 기자와 사진작가들이 빽빽이 들어차 있었다. 뒤편으로는 애플 팬들이 무대 위 스티브 잡스의 모습을 담으려 눈을 부릅뜨고 서 있었다.

그리고 그 한가운데에 나도 있었다. 당시 나는 애플 임원도 아니고 IT 업계의 리더도 아니었다. 언론인도 아니었고 애플 광팬도 아니었다. 옆자리 사람들처럼 엄청난 돈을 들여 입장권을 산

것도 아니었다. 사실 한 푼도 내지 않았다. 그럼에도 나는 아마도 내 평생에 가장 큰 기술 공개 행사의 맨 앞자리에 앉아 있었고, 목에 건 배지는 내가 VIP라고 말해 주었다.

어떻게 그곳에 갈 수 있었을까? 몇 달 전, 연구 파트너와 함께 맥월드 웹사이트 취약점을 발견했다. 시스템을 해킹해 최고급 티켓을 공짜로 손에 쥘 수 있었다. 앞자리 티켓을 받아든 우리는 즐거운 시간을 보낼 거라며 웃었다.

애플 고위직들과 어울리며 뭐든 해낼 수 있다는 자신감에 도취되어 있었다. 터틀넥 차림으로 무대를 활보하는 스티브 잡스를 보며 마치 세상의 왕이 된 듯한 기분이었다. 하지만 그 감정이 오래가지 않으리란 걸 알아챘어야 했다. 행사가 끝나고 일상으로 돌아오는 길에서, 과연 내가 진정한 승자인지 의문이 들기 시작했다. 기술계 거물들과 나란히 서기 위해 맥월드에 잠입했지만, 그들처럼 백만 달러 연봉은 꿈도 꾸지 못하는 상황이 아닌가?

이후 몇 주간 이런 생각이 떠나지 않아 기분은 바닥을 쳤다. 당시 나는 꽤 좋은 직장을 다니고 있었지만, 지금 그 위치에 만족하기는 어려웠다. 똑똑하고 재능 있는 최고의 해커라고 자부했지만, 월급날이 되어서야 내 능력이 얼마나 저평가되고 있는지 새삼 잔인하게 깨닫곤 했다. 도대체 뭐가 문제일까? 맥월드 시스템을 해킹하고 아이폰 발표회에도 여유롭게 들어갈 수 있었던 내가, 직장에선 이렇게 평범하게 지낼 수 있단 말인가? 어쩌다 이렇게 된 걸까?

이 질문들에 대한 답을 찾는 데는 몇 년이 걸렸다.

기계 속에 갇힌 삶

우리 대부분은 너무나 복잡한 시스템에 갇혀, 그 실체를 온전히 알아채지 못한 채 살아간다. 기업, 사회, 정부는 마치 거대한 기계와 같으며 개개인은 부품에 불과하다. 기계에서처럼 각 부품은 자신의 역할을 감당하며 분주히 움직이지만, 궁극적으로 모든 결과는 부품이 아닌 기계(시스템)가 결정한다.

세상의 시스템은 너무나 복잡해서 그 안의 사람들은 마치 자기들에게 선택의 자유라도 있는 듯한 착각 속에서 살아간다. 승진이나 새 직장으로의 이직 같은 다양한 길이 눈앞에 펼쳐져 있는 것도 사실이다. 하지만 역설적이게도 출구는 존재하지 않는다. 기계는 모든 부품이 목표를 향해 작동하길 바란다. 개인이 어떤 경로를 택하든 "기계에 속해 있는 한" 자신의 목표와는 점점 멀어질 뿐이다.

나 역시 마찬가지였다. 열다섯 살, 두 스승의 추천으로 샌디아 국립연구소(연방정부지원연구소)에서 일할 기회를 얻었다. 당연한 선택이었다. 가족 대부분이 공공 부문에서 일하고 있어 안정적이고 믿을 만한 직업으로 생각했고, 집과 가까운 거리도 한몫했다. 이렇게 나는 사이버보안 산업을 초기부터 이끈 박사들, 컴퓨터 천재들로 가득한 사무실에서 일하게 되었다.

놀랍지 않은가? 또래들이 비디오 게임에 열중할 때 나는 IT계의 개척자로 두각을 나타내고 있었다. 문자 그대로 신동으로 통했다. 2000년, CBS의 〈60분〉 제작진이 캘리포니아로 날아와 나를 인터뷰했고, 해킹 전문가로서 전국 방송에 출연했다. 명성과 부가 눈앞에 있는 듯했다.

그랬어야 했다. 하지만 세월이 흐르고 경력이 쌓일수록 어딘가에 갇힌 기분이 들었다. 그즈음 국립연구소에서 연방준비은행으로 자리를 옮겼지만, 속으로는 무언가 단단히 잘못되었음을 느꼈다. 내 일은 흥미롭고 혁신적이었지만 나는 그저 월급쟁이에 불과하다는 사실이 점점 분명해졌다.

내가 있던 곳에선 가끔 승진도 하고 성과도 냈지만 삶이 크게 달라지진 않았다. 직급은 올라가고 월급은 조금씩 더 받게 됐지만 여전히 같은 일을 반복하고 있었다. 뛰어난 성취를 이뤄도 정작 나에게 돌아오는 수익은 그 상승을 체감하기 힘든 지점에 이른 것이다. 내 노력의 진정한 수혜자는 내가 아닌 연준이었다.

나는 완벽한 직원이었다. 악착같이 일하고, 기대 이상으로 성과를 내고, 월급을 받으면 조금씩 저축했다. 미국식 노동윤리의 화신이자 '슬기로운' 노동자의 귀감이었다. 그러나 인생을 조금 더 넓게 보면 '내가 여기서 대체 뭘 하는 거지?'라는 회의가 들 수밖에 없었다. 일하고, 돈을 모으고, 또 일하고, 또 모으고. 그저 안락하고 안전한 노후를 향해 달려가는 것에 불과했다. 생각만 해도 끔찍했다. 재능이 넘치고 이룬 게 많은, 온라인 보안업계의 초석을 닦은 극소수 인재 중 한 명이 그저 기계의 톱니바퀴로 전락한 꼴이었으니까.

어느 날 아침, 팀 회의를 진행하며 질문에 답하는 동안 이 모든 것이 스쳐 지나갔다. 식어버린 커피를 한 모금 삼키며 자동 항법 장치처럼 회의를 진행하고 있었다. 회의를 마치고 차가운 커피를 들이켜며 빠져나가는 그들을 멍하니 바라보았다.

정말 이게 전부인 걸까?

그 생각을 떨쳐낼 수 없었다. 뛰어난 해킹 실력에도 불구하고 내 삶의 현 위치가 그저 이 정도인 것에 견딜 수 없었다. 아이폰 발표회를 해킹하여 신세계를 경험한 지 수년이 흘렀음에도 불구하고 여전히 갈피를 잡지 못하고 있었다.

내가 걸어온 길이 진정 해커의 삶이었나? 곧 알게 된 사실이지만 대답은 '아니오'였다. 그렇다면 해커가 된다는 건 무엇을 의미할까? 이 책에서 그 답을 하나씩 찾아갈 것이다.

왜 빨리 이렇게 살지 못했을까?

해킹은 대체로 어둡고 반항적인 일로 여겨진다. '해커'하면 대부분은 지하실에 숨은 음침한 인물, 초록빛 화면에 얼굴을 비추는 모습을 떠올린다. 영화 속 네오, 트리니티, 가이 포크스 가면 뒤 어나니머스 같은 이미지 말이다. 이런 모습은 물론 과장된 것이지만, 이 책의 진실을 담고 있다.

해킹은 "시스템을 조작해 원하는 걸 최대한 빠르고 효율적으로 얻는 것"을 말한다. 자신과 목표 사이에 있는 장벽을 파악하고 뚫어내 가장 빠른 방법을 찾아내는 거다. 온라인 보안에선 주로 컴퓨터 프로그램을 상대하지만, 이 접근법은 더 광범위하게 적용된다.

연준 사무실로 돌아와 차가운 커피를 따르며 이런 생각이 들었다. 맥월드에서 시스템을 조작하며 써봤던 기술과 지식, 그 원칙들을 내 삶에 적용해보면 어떨까?

이 생각을 곱씹자 온몸에 흥분이 솟구쳤다. 사실 우리의 일상도 시스템투성이다. 내 삶의 근간을 이루는 시스템, 즉 변수와 요소를 알아내기만 하면 성공으로 가는 급행열차에 탈 수 있지 않을까? 그러자 기계 속에서 벗어날 방법이 선명해졌다. 미로에 깔린 길을 따라 걷는 대신 벽을 뚫고 빠져나와 나만의 길을 개척하는 것 말이다.

이후 몇 달간 이 아이디어를 구체화해 '해커 웨어하우스Hacker Warehouse'라는 전자상거래 비즈니스를 시작했다. 3일간 열린 업계 행사에서 팝업 스토어로 소개했는데, 2시간 만에 재고가 동나버렸다. 뭔가 특별한 걸 찾아냈다는 느낌이 들었다. 이 순간은 모든 게 새로 시작되는 분기점이 되었다.

사업에 점차 더 많은 시간을 투자하였고, 드디어 부업이 아닌

본업으로 삼아 전면적으로 도전했다. 마침내 기계가 정해준 목표가 아닌 나 자신의 목표를 향해 달릴 준비가 된 것이다.

5년 후, 사업은 대성공을 거뒀고 나는 백만 달러의 매출을 달성했다. 남부 캘리포니아에 고급스러운 새 사무실로 이전했고, 업계에서 명성이 높아져 인기 드라마 〈미스터 로봇Mr. Robot〉, 〈센스에잇Sense8〉 출연 제의가 쇄도했다. 불과 몇 년 전만 해도 12명의 팀을 이끄는 직원에 불과했던 내가 말이다. 이제는 한 주일에 7시간만 일하며 일곱 자릿수 수입을 올리는 성공한 사업가가 되었다.

가장 놀라웠던 건 내가 뭘 하고 있느냐가 아니라 왜 더 빨리 시작하지 않았느냐는 거였다! 돌이켜 보니 당연해 보였다. 그간 성공에 필요한 기술은 죄다 익혔으면서 "어떻게 써먹어야 할지" 몰랐던 것이다. 삶이란 기계에 갇혀 주변 시스템을 보지 못했던 거다. 이제 눈을 뜨니 성공의 길은 분명해졌다.

내 삶에 해커의 사고방식을 적용했으니, 이제 다른 이들도 그렇게 하도록 도울 차례였다. 해커의 원칙을 알려주고 이를 활용해 성공으로 향하는 지름길을 안내하고 싶다. 당신도 이 책을 통해 해커처럼 사고하는 법을 깨우치면 눈앞에 펼쳐질 놀라운 가능성이 보일 것이다.

해커 마인드셋이란 대체 뭘까? 계속 읽어보면 궁금함이 해소될 것이다.

이 책의 목표

겉으로 보기에 사람들의 삶은 "충분히 좋아" 보인다. 먹고살 만하고 편하니 더 바랄 게 없다. 하지만 또 다른 이들에겐 '이런 정도'로는 어림도 없다. 이 말이 꽂힌다면, 이 책은 당신을 위한 책이다. 주변 시스템을 뚫고 진짜 성공을 거머쥐는 법을 배우고 싶다면 이 책을 강력하게 권한다.

책을 통해 세 단계로 목표에 이르는 법을 익힐 수 있다.

첫째, 세상을 해커가 보듯 '시스템의 관점'에서 바라보는 법과 그 특징들을 하나씩 파악한다.

둘째, 6가지 해커 원칙과 그 실천법을 하나하나 배운다.

셋째, 커리어, 비즈니스, 재테크 등 현실 속 다양한 국면에서 해커 사고방식을 적용해본다.

당신이 인생이라는 시스템에 갇혀 있다고 느낀다면 이 책이 탈출구를 알려줄 것이다. 흥미 없는 일에 묶여 있다면 그 굴레를 벗는 법을 일러줄 것이다. 제자리걸음에 좌절감이 들었다면 대기권을 벗어나 성층권으로 치솟는 길을 보여줄 것이다.

세상의 시스템은 사람들이 "그럭저럭 괜찮다"라고 느끼도록 설계되어 있다. 해커 마인드셋은 그 '적당한 수준'에 만족할 필요가 없음을, 그리고 그보다 당신이 얼마나 더 멀리 갈 수 있는지를 일깨워준다.

시작에 앞서 한 가지는 분명히 하고 싶다. 이 책에서 다루는 주제는 윤리에 어긋나지 않는다. 그리고 해킹의 원칙은 강력하지만 그것을 남용하는 방식을 가르치려는 목적으로 집필한 책은 더더욱 아니다.

사이버 보안계에는 다양한 해커가 있다. '블랙햇 해커black-hat hackers'는 도덕적 선을 넘나들며 귀중한 정보를 훔치거나 기업을 협박해 돈을 뜯어낸다. '화이트햇 해커ethical hackers'는 재능을 살려 기업이 사이버 공격에 대비하도록 돕는다. '스크립트 키디'는 시스템에 침투해 혼란을 일으키고 모두의 일상을 방해한다.

이들은 모두 해커의 범주에 속하며 유사한 기술을 보유하고 있으나, 그 활용 방식은 현저히 다르다.

해커 마인드셋의 목표는 주위의 시스템을 전략적으로 통제하고 최선의 선택을 할 수 있는 수단을 제공하는 것이다. 윤리적인 사람이라면 이 기술로 거짓과 사기, 절도를 저지르진 않겠지만 그 선택은 전적으로 당신의 몫이다. 나는 그 어떤 것도 강요하지 않는다. 니르 이얄의 말이 떠오른다. "악용할 수 없다면 그건 초능력이 아니다."

이제 '인생 해킹'을 시작해보자.

1부

시스템의
취약점을 발견하라

1

당신을 가두는
보이지 않는 시스템

1991년 어느 화창한 봄날 아침, 나는 300여 명의 초등학교 친구들과 함께 운동장 잔디밭에 앉아 있었다. 사람들 사이에서 왁자지껄한 소란이 나더니 점점 커졌다. 우리는 일주일 내내 이 순간을 손꼽아 기다려 왔다. 누가 상을 받게 될지, 어떤 선물일지 궁금해하며 친구들과 큰 목소리로 떠들어댔다. 나는 아무 말도 하기 싫어 조용히 있었다.

두 명의 선생님과 교장 선생님이 연단에 올랐다. 그들은 노란 쪽지로 가득 찬 큼지막한 빨간 상자를 들고 나와, 의도적으로 다시 내려놓았다. 아이디어는 단순했다. 각 쪽지에는 학생 이름이 적혀 있었다. 착한 행동을 보일 때마다 교사는 해당 학생의 이름을 써서 그 쪽지를 상자에 넣었다. 그리고 매주 상자에서 이름을 뽑아 주간 수상자를 가렸다.

상당히 정교한 시스템이었다. 성적이 좋은 학생일수록 쪽지가 많이 들어가 당첨 확률이 높아지지만, 성적이 좋지 않더라도 기회는 열려 있었다. 이 제도는 노력한 만큼 보상받는 현실을 잘 반영했으나 운의 요소도 어느 정도 섞여 있었다. 결과적으로 교사들의 의도보다는 훨씬 더 현실을 잘 담아낸 셈이었다.

교장 선생님이 손을 들자 숨소리조차 들리지 않았다. 짧게 훈화를 한 뒤 옆에 선 선생님께 고갯짓을 하며 상자로 다가가라 권했다.

"당첨자 좀 뽑아주시겠어요?"

선생님이 상자를 높이 들자 흥분의 함성이 터져 나왔다. 그때 아이들은 모두 자신이 무대에 올라 상을 받는 상상을 하고 있었으리라. 선생님이 상자에 손을 넣자 모두가 숨을 죽였다. 선생님은 쪽지 한 장을 꺼냈다.

충격이 그녀의 얼굴을 덮쳤다. 잠시 얼어붙은 채로 서 있는 선생님의 머릿속에서 톱니바퀴가 맞물려 돌아가는 게 보였다. 이 상황을 어떻게 설명해야 할지 모르겠다는 눈치였다. 그녀는 연단 위의 다른 선생님들에게 돌아가 쪽지를 내밀었다. "또야?" 교장은 둘을 번갈아 쳐다보더니 어깨를 으쓱했다. 하지만 규칙은 규칙이었다.

선생님은 마이크 앞으로 돌아와 목을 가다듬더니 풀이 죽은 목소리로 입을 열었다.

"이번 주 당첨자는 …… 개럿 지입니다."

겁에 질린 속삭임이 아이들 사이로 퍼졌다. 개럿이라고? 말도 안 돼! 정말이야, 개럿이라니! 마음에 겨우 여유를 찾은 친구 몇 명이 박수를 치기 시작했으나 금세 잦아들었다. 선생님들은 미소를 거두고 불길한 눈빛으로 나를 보더니 급히 단상으로 올라왔다. 내 손에 상품을 쥐여 주고는 우리를 교실로 되돌려보냈다.

사람들의 냉담한 반응에 대해 뭐라 할 순 없었다. 지난주에도 내가 뽑혔으니까. 그 전 주에도. 사실 '6주 연속' 모범상을 받은 거였다. 심지어 앞으로 몇 주간은 계속 수상하리란 걸 알고 있었다.

나는 어떻게 그렇게 확신할 수 있었을까? 몇 쪽만 더 읽어보면 알게 될 것이다.

감춰진 시스템을 찾아내라

학교 선행상 추첨에서 내가 성공할 수 있었던 비결은 세상이 시스템으로 가득 차 있다는 사실을 인지했기 때문이었다. 모든 일이 완전히 무작위로 벌어지는 경우는 드물다. 대개는 예측 가능한 시스템에 기반한다. 사실 무작위로 보이는 건 기본 시스템에 대한 무지 때문인 경우가 많다. 이 시스템이 자신에게 유리하게 작동하도록 하려면 먼저는 이해해야 한다.

주사위를 예로 들어보자. 주사위를 굴리면 어떤 숫자가 나올지 알 수 없다. 하지만 던진 힘과 방향, 닿는 각도 등을 다 안다면 매번 어떤 숫자가 나올지 예측은 할 수 있다. 물론 그걸 정확히 알 순 없으니 주사위는 여전히 무작위로 남는다.

하지만 우리 삶의 다른 많은 '우연한' 사건들은 그렇지 않다. 이를 깨닫고 난 뒤 내 인생의 가장 중요한 통찰 중 하나가 생겼다. "감춰진 시스템을 찾아내라."

예를 들어 설명해보겠다. 막 IT 업계에 발을 디딘 당신은 인맥을 쌓고 업계의 명사들과 만나고 싶다. 식견과 통찰, 경험으로 명성이 높은 이들 말이다. 개인적으로 친밀한 관계를 맺을 수 있는 사람, 나를 그저 팬으로만 보지 않고 업계에서 그들처럼 이름을 날릴 인재로 여겨줄 이들 말이다.

검색해보니 3주 뒤 콘퍼런스에서 마크 큐반(미국의 억만장자 사업가이자 투자자로, 프로농구 달라스 매버릭스의 구단주이며 ABC 방송의 리얼리티 쇼 '샤크 탱크'의 심사위원으로 유명하다─옮긴이)이 기조연설을 한다는 소식을 접한다. 그는 IT 업계의 슈퍼스타이자, 완벽한 인맥을 위해 필요한 인물이다. 마크 큐반과 관계를 쌓고 싶다는 생각이 든다. 그런데 어떻게 해야 하지?

해킹 세계에선 이것을 "접근 권한 확보"라고 부른다. 어떻게 마크 큐반에게 접근할 권한을 따낼 수 있을까? 콘퍼런스 장소는 당신이 사는 곳과 그리 멀지 않다. 연설이 끝나면 청중 질문을 받는 Q&A 세션이 있다. 거기서 그의 관심을 끌 만큼 날카롭고 통찰력 있는 질문을 던져보는 거다.

하지만 컨퍼런스 참가비가 문제다. 입장료로 2,000달러를 내야 하고, 들어가도 질문 기회가 보장되진 않는다. 수백 명의 열성 팬들이 마크 큐반에게 질문하려 할 테니까. 하지만 지금으로선 Q&A 참석이 최선의 길이다.

이게 바로 "예상 행동"이다. 대부분은 이 방식을 택해 2,000달러를 쓰고 남보다 더 두드러지길 바랄 것이다. 이 방법을 선택하는 사람이 많을수록 개개인의 성공 가능성은 낮아진다. 곰곰이 따져볼수록 그다지 유망해 보이진 않는다. 하지만 당신에게 주어진 조건은 이것뿐이다.

대부분은 이 조건 안에서 성공 확률을 높이려 안간힘을 쓴다. 컨퍼런스에 일찍 가서 Q&A 세션 시작 무렵 마이크 앞자리를 차지하는 식이다. 그러나 그렇게 하더라도 대다수는 마크 큐반에게 별 인상을 남기지 못할 것이다.

반면, 해커라면 이 상황에 전혀 다른 방식으로 접근한다. 콘퍼런스의 근간을 구성하는 시스템이 있고, 그 속에서 다른 여러 시스템이 돌아가고 있음을 인지할 것이다. 이 모든 시스템을 간파하고 그 규칙과 절차를 이해하면 이를 활용하는 법을 배워 마크 큐반과 연결될 기회를 극대화할 수 있다.

해커라면 다음과 같은 6대 원칙을 적용해 상황에 임할 것이다. 우선, 공격적 자세를 취하고 능동적으로 행동하며 모든 결정권은 자신에게 있음을 명심한다(원칙 1). 뻔한 선택지 외에 다른 대안이 있는지 모든 각도에서 꼼꼼히 살피는 리버스 엔지니어링 (Reverse Engineering, 흔히 '역설계'라고 하는데 제품을 분해하여 그 구조와 작동 원리를 파악함으로써 새로운 아이디어를 얻거나 개선 방안을 모색하는 과정을 말한다—옮긴이)을 수행한다(원칙 2). 자유롭게 쓸 수 있는 자원을 총동원해 성공 가능성을 최대화한다(원칙 3). 위험 요인을 면밀히 계산하고(원칙 4), 여러 선택지와 요소를 꼼꼼히 살펴 최소 비용과 노력으로 원하는 바를 이룰 가능성이 가장 높은 길을 택한다(원칙 5). 이때 타인을 활용하는 사회적 교류에도 적극 나선다. 끝으로, 다양한 관점에서 문제에 접근하고 상황에 유동적으로 대응하는 피벗[1]을 수행한다(원칙 6).

이 책에선 이 핵심 원칙들을 하나하나 파헤칠 것이다. 지금은 원칙 2번의 역설계 방식을 적용해보자.

콘퍼런스 웹사이트를 샅샅이 살피고, 지인 몇 명에게 전화를 걸고, 주최 측에 연락해 이런저런 질문을 던진다. 이 모든 정보를 취합하고 분석하면 어느새 선택의 폭이 넓어졌음을 인식하게 된다.

규정된 행동의 틀 안에서 움직인다면 선택지라곤 하나밖에 없다. 2,000달러에 달하는 입장권을 구매하고 마크 큐반이 Q&A

---

1. 피벗(Pivot)이란 상황이나 조건이 바뀔 때 이에 적응하기 위해 전략이나 방향을 신속하고 유연하게 바꾸는 것을 의미한다. 다시 말해, 기존의 접근 방식이 더 이상 효과가 없다고 판단될 때, 고정관념에서 벗어나 창의적이고 혁신적인 문제 해결을 하는 것을 말한다—옮긴이

세션에서 나를 주목해주기를 기대하는 것뿐이다.

하지만 해커 원칙 2를 적용하면 새로운 가능성이 열린다.

- 할인 코드로 저렴하게 티켓을 구한다(입장권 수 제한, 가격 할인).
- 자원봉사자로 일하며 행사 진행을 돕는다(다양한 출입 경로, 저렴한 입장료, 행사장 체류 시간 단축).
- 케이터링 팀을 도와 식사 중인 마크 큐반에게 접근한다(색다른 입장 경로, 가격 할인).
- VIP 티켓을 사서 맨 앞자리와 대면 시간을 보장받는다(프리미엄 입장 경로, 가격 할증).
- 행사 연사로 나서 백스테이지에서 마크 큐반과 만난다(접근성 향상, 입장료 차등).
- 기자 자격으로 행사 취재를 위한 프레스킷, 기자 Q&A, 마크 큐반과의 단독 인터뷰 시간을 확보한다(접근성 향상, 입장료 할인).
- 마크 큐반이 시내에 머무는 동안 공항, 호텔, 단골 카페 등에서 '우연히' 마주치도록 계획한다(접근성 양호, 입장료 무료 가능).

이 선택지들은 몇 가지 가정에 기반한 것이지만, 실제로 리버스 엔지니어링을 해보면 비슷한 결과가 나올 것이다. 물론 어떤 시도는 다른 것보다 위험 부담이 크고, 비용이나 리스크가 뒤따른다. 그렇지만 이제 다양한 방법 중에 고를 수 있게 됐고, 이전엔 순전히 운에 기댔다면 이젠 선택에 따라 결과를 더 잘 제어할 수 있다. 근간을 이루는 시스템을 간파함으로써 스스로 운명을 개척할 힘을 더 많이 얻은 셈이다.

사실 거의 모든 것이 시스템으로 돌아간다. 테슬라 구매조차 하나의 시스템으로 볼 수도 있다. 통상적으로는 거주지 인근 매장에 재고가 있길 바라며 막연히 기다릴 테지만 반면 해커라면 간단한 확인 시스템을 만들어 수시로 여러 지역의 테슬라 재고를 체크하고, 물량이 풀리면 즉시 문자를 받아 구매에 나설 것이다. 몇 달씩 기다리지 않고 며칠 내로 테슬라를 손에 넣을 수 있는 실제적인 방법이다.

채용도 해킹할 수 있는 시스템이다. 관행대로라면 수많은 기업에 이력서를 마구 뿌리고 한두 군데서 연락이 오길 애타게 기다리다 탈진하는 게 수순이다. 그러나 알고리즘이 지원서 수백 건을 1차 심사에서 필터링한다는 사실을 알게 된다면, 키워드를 전략적으로 배치하여 첫 번째 관문을 통과하는 요령을 터득한다. 채용 담당자와 인연을 만들어 이력서조차 제출하지 않는 식으로 시스템을 뚫을 수도 있다.

노후 준비 역시 해킹의 대상이 되는 시스템이다. 인덱스펀드, ETF, 401(k)(미국의 퇴직연금 제도로, 직장인이 세전 소득의 일부를 투자하고 고용주가 일정 비율을 매칭해 기여하며, 은퇴 시까지 세금 혜택을 받으면서 자산을 축적할 수 있는 계좌─옮긴이) 등에 관한 정보가 넘쳐나 혼란스러울 것이다. 하지만 결국 이는 순전히 체계적인 수학 문제다. 계산만 제대로 하면 50세, 40세, 심지어 30세도 되기 전에 은퇴할 수 있다(13장에서는 이에 대해 다룬다—옮긴이).

시스템 내에서 열심히 살아가는 대신 관행에서 벗어나 시스템을 조종하기로 마음먹는 순간, 선택지는 무한에 가깝게 늘어난다. 남은 과제는 해당 시스템을 해체하여 나에게 유리하게 작동하도록 재구성하는 것뿐이다.

시스템을 뛰어넘는 법을 익혀라

세상은 시스템으로 이루어져 있다. 인간은 어디서나 삶을 좀 더 편하게 하려고 규칙과 메커니즘을 만들어냈고, 이를 통해 문명을 일궜다. 모든 사회는 법과 관습, 규범의 총합으로 구성된다. 그 테두리 안에서 움직이면 남들과 똑같아진다. 하지만 이 시스템을 뛰어넘는 법을 익히면 차별화할 수 있다.

물론 어떤 제도는 다른 것보다 위험 부담이 크다. 소득세를 내지 않으면 국세청에게 큰 곤란을 겪는다. 어떤 제도는 너무 거대하고 복잡해서 피해 가는 방법을 알아내기 어렵다. 11장에선 그런 제도 중 하나인 직장(커리어 방화벽)이라는 시스템을 살펴보고 이를 분석해 활용하는 법을 정확히 파헤칠 것이다.

또 어떤 시스템은 더 작고 단순하다. 필자가 다녔던 초등학교의 주간 선행상 제도처럼 진부하게 보이는 시스템도 있다. 대부분은 신경 쓸 가치조차 없다고 여길 테지만, 당시 열 살이었던 나는 그 상이 탐났고 시스템을 뚫어보기로 결심했다.

교사들은 학생들이 품행만 바르게 하면 공정하게 포상받을 기회를 얻도록 설계했다. 자연스럽게 모범생이 되어 내 이름이 적힌 쪽지를 많이 타내 열심히 상자에 넣었다. 하지만 나만 규칙을 잘 지킨 건 아니었고, 시스템 내에서 움직인다면 다른 아이들에게 허락되는 만큼만 상을 탈 수밖에 없었다. 그럼 보상 확률을 높이려면 어떻게 해야 했을까?

어느 날 선생님들이 당첨자를 뽑을 때 쪽지를 섞지 않는다는 사실을 발견했다. 그냥 손을 넣어 첫 번째로 잡히는 이름을 꺼내는 것이었다. 그래서 마지막 순간까지 기다렸다가 내 쪽지를 넣기만 하면 다른 쪽지 위에 올려졌다. 예상대로 선생님이 손을 넣을 때마다 내 이름이 튀어나왔고, 매주 상품을 들고 집에 갈 수 있었다. 지금 보면 지극히 단순한 것이지만, 당시엔 누구도 이런 식으로 시스템을 '이용할 수 있다'고는 상상하지 못했다. 교사들이 기대한 것은 아이들이 착한 행동을 많이 해서 쪽지를 모으는 것이었지만, 나는 시스템의 허점을 파고들어 연속 당첨의 기회를 잡을 수 있었다.

학교에서 상 타는 것, 마크 큐반 만나기, 취업, 회사에서 승진, 테슬라 구매…. 이들의 공통점은 모두 시스템에 좌우되는 결과라는 것이다. 시스템은 조작 가능하며, 그렇게 함으로써 성공 가능성을 획기적으로 높일 수 있다.

해커는 그저 '더 잘해내는 데' 그치지 않고 성공 자체를 겨냥

한다. 성공이 반드시 실력 향상을 전제로 하진 않음을 해커는 안다. 오히려 성공의 비결은 성과를 높이는 게 아니라 목표에 이르는 '다른 경로'가 있음을 인지하는 데 있는 경우가 많다. 이것이 해커 사고방식의 본질이다.

시스템은 일관되고 예측 가능하도록 설계됐기에 '체계적'이라고 불리기도 한다. 하지만 이는 시스템 내에서 움직이는 이는 결코 평균을 벗어날 수 없다는 뜻이기도 하다. 모두가 같은 틀 안에 있게끔 만들어졌기 때문이다. 시스템을 뛰어넘는 방법을 학습한다는 것은 이러한 틀에서 탈피하여 타인을 크게 앞지르는 예외적인 인물이 된다는 의미다.

나는 겨우 열 살 무렵 학교에서 경품 추첨 시스템을 뚫는 법을 깨우쳤고, 이후 더 복잡하고 변수가 많은 다른 시스템들을 만난 뒤에도 연이어 성공을 거뒀다.

그 방법 또한 차차 알려주겠다.

2
해커와 일반인의 차이: 사고방식의 혁명

"천재는 1%의 영감과 99%의 땀으로 이루어진다." 토머스 에디슨이 한 이야기로 누구나 한 번쯤 들어봤을 말이다(사실 이 개념을 처음 주장한 사람은 작가이자 강연가 케이트 샌본이다). 성공의 대부분은 노력의 산물이고, 꾸준히 땀을 흘리면 반드시 성공할 수 있다는 사고방식 말이다. 세상에는 부지런한 사람과 게으른 사람, 두 부류가 있으며 인생에서 성공하려면 성실해야 한다는 건 모두에게 익숙한 교훈이다.

　나는 이 말에 동의하면서도 역설 또한 생각해보라고 권하고 싶다. 부지런한 사람도 게으를 수 있다는 것이다. 직관에 어긋나겠지만, 내 생각엔 세상은 부지런한 자와 게으른 자가 아닌 슬래커와 해커로 나뉜다. 여기서는 누구나 빠지기 쉬운 이 두 사고방식의 차이를 명확히 짚어보겠다.

슬래커는 누구인가?

슬래커slacker란 어떤 이유로든 시스템에 갇혀 대중과 구별되지 않는 이들을 일컫는다. 시스템을 깨부수고 나만의 길을 개척하기보단 그저 흐름에 순응하는 자들이다. 별로 내키지 않는 일에 묶여 있고, 하고 싶어서가 아닌 해야 해서 일하는 이들 말이다. 그들이야말로 진정한 슬래커 사고방식의 화신이다. 거의 모든 이가 슬래커이고, 지금은 아니어도 한때 슬래커였던 적이 있다. 슬래커에도 두 종류가 있다.

행동이 느린 슬래커=끝까지 해내지 못한다

첫 번째 유형은 행동이 더딘 슬래커다. 그들은 늘 다른 삶을 상상하면서도 이를 실천에 옮기진 못한다. 언젠가 해낼 거란 꿈은 꾸지만, 그 꿈에서 깨어나지 못하는 몽상가들이다. 이들은 '전략 수립'에 집착한다. 계획만 세우고 실행은 뒷전이다.

물론 행동이 전혀 없는 건 아니다. 자기 꿈의 일부를 실천하긴 하나 제대로 실행하진 못한다. 때로 아이디어를 실행하다 보면 적절치 않거나 상당한 개선이 필요함을 깨닫게 된다. 그때 지속적이고 통찰력 있는 행동을 꾸준히 이어가야 성공할 수 있는데, 슬래커 사고방식은 여기서 주저앉는다.

나도 창업 초기에 친구들과 온라인 특가 수집 사이트를 만든 적이 있다. 온라인상의 다양한 특가 상품을 모아서 보여주고, 누군가 그 사이트를 통해 물건을 사면 거래 건당 일정 수수료를 떼는 식이었다. 아주 단순한 비즈니스 모델이고 충분한 트래픽만 확보하면 수익성은 괜찮은 편이다.

우리는 웹사이트 인프라를 구축한 뒤 특가를 찾아 올리는 데 집중했다. 4명이 힘을 합쳐 가격을 올리고 수익도 냈지만, 계속해서 웹을 뒤져가며 끊임없이 특가를 찾아내는 일은 역부족이었다. 결국 지속 가능한 트래픽을 모을 만큼의 콘텐츠를 확보하지 못해 사이트는 문을 닫고 말았다.

우리는 행동이 더뎠다. 조기에 성공을 거뒀다면 그 기세를 몰아 지속 성장을 도모할 수 있었을 것이다. 행동이 느린 슬래커에 겐 성공에 필요한 일을 해내는 게 버겁기만 하다.

전략 없는 슬래커=남이 정한 길을 걷는다

반면 열심히 일하는 슬래커도 있다. 그들은 열심히 행동하지만 이를 뒷받침할 전략이 부실하다. 혼신을 다하지만 방향성이 없어 제자리걸음만 반복한다. 싫어하는 일을 날마다 하면서도 한 발짝 물러서서 큰 그림을 보고 자신이 왜 이 일을 하는지 되묻지 않는다.

그들은 구태의연한 직업관을 앞세워 열심히 일하고 시간도 투자하지만, 정작 원하는 것을 이루진 못한다. 회사의 이익을 위해 모든 것을 바치지만 정작 자신의 삶은 변화시키지 못하므로 고용주 입장에서는 이런 슬래커를 반길 수밖에 없다.

이들은 언제나 남의 각본을 좇는다. 스스로 선택한다고 생각하지만 사실 남이 주도하는 대로 놀아나는 꼴이다. 마치 "인생 게임Game of Life"을 플레이하는 것과 다를 바 없다. 그 보드게임 해봤는가? 플레이어는 각자 자동차 모양의 말을 갖고 인생 여정을 따라가며 중간중간 선택을 내린다. 결혼할지, 아이를 가질지, 이 직업을 택할지 저 직업을 택할지, 보험에 가입할지 등을 고른다. 길이 나뉘어 높은 길 낮은 길로 갈 수도 있지만 궁극적으로 모든 길은 하나로 합쳐지고 모두 같은 궤도를 밟게 된다.

인생 게임을 하는 건 전략 없는 슬래커의 사고방식에 갇힌 것과 같다. 도중에 사소한 선택은 할 수 있어도 결국 남이 정해놓은 길을 걷게 된다. 한발 물러서서 스스로에게 '이게 내가 걷고 싶은 길인가?'라고 묻지 않는다.

이것을 어떻게 아느냐고?

내가 그랬으니까. 열다섯 살에 구글에서 일자리를 제안받았다. 하지만 그 제안을 거절하고 연방정부에서 일하길 택했다. 왜 그랬을까? 구글이 더 흥미롭고 혁신적인 기회였을 텐데 말이다. 지금 와서야 명확해졌지만 당시엔 공무원이 더 나아 보였다. 친척 대부분이 공공 분야에서 일했고, 나는 직업적 안정성이 무엇보다 중요하다고 믿으며 자랐다. 연방정부보다 더 '확실한' 직장은 찾기 어려웠다. 그 어린 나이에도 나는 가족과 사회가 써놓은 보이지 않는 각본을 따르고 있었던 것이다.

많은 아이가 비슷한 선택을 한다. 학교는 '안전한 선택'을 강요하고, 인생의 목표는 평범하더라도 안정적인 직장을 얻어서 무난하게 살면 된다는 생각을 주입한다.

그래서 나는 꽤 괜찮은 월급을 받으며 몇 년을 일했고, 연방정부의 이익을 위해 열정과 창의력을 쏟아부었다. 매달 집으로 월급을 들고 가면서도 누군가의 기계 속 톱니바퀴로 남아 있었다. 유레카 순간을 경험하고 슬래커 사고에서 빠져나오기 전까진 말이다. 이에 관해서는 뒤에 더 자세히 얘기하겠다.

슬래커 사고방식은 우리 주위에 만연해 있다. 누구나 학창 시절 무한한 가능성을 보였으나 평범한 삶에 안주하게 된 친구 하나쯤은 떠올릴 수 있을 것이다.

학교 다닐 때 피터란 아이가 있었다. 그는 매우 총명했으며, 버트런드 러셀과 스티븐 호킹의 저서를 탐독했고 인류와 우주에 관한 심오한 논의에서도 자신의 견해를 주저 없이 말했다. 우린 모두는 그가 세상에 특별한 족적을 남길 거라 확신했다. 아이비리그에 가서 위대한 사상가로 두각을 나타낼지 모른다고 생각했다.

졸업 후 연락이 끊겼는데 몇 년 전 친구들과 만난 자리에서 그의 이야기가 나왔다.

"피터, 걔 어떻게 됐지?"

알고 보니 그는 보험 세일즈맨이 되어 캘리포니아를 돌아다니며 휴업보험(business-interruption insurance, 화재, 자연재해 등으로 사업이 중단되었을 때 입게 되는 손실을 보상해주는 보험—옮긴이)을 중소기업에 팔고 있었다. '걔는 훨씬 더 많은 걸 해낼 수 있었을 텐데. 세상을 뒤집어놓을 줄 알았는데….' 그 역시 다른 이들처럼 슬래커 사고방식에 갇힌 게 분명했다.

피터, 이 글을 읽고 있다면(그러길 바란다) 이 책은 너를 위한 책이야.

이제, 슬래커가 아니라 해커로 살아보자

시스템에서 벗어나 진정 이루고 싶은 일을 성취하려면 해커가되어야 한다. 해커는 슬래커처럼 틀에 박히지 않고 무엇을 해야할지 알며 행동으로 옮긴다. 제일 중요한 건 목표를 파악하고 이를 달성할 '최단 경로'를 최적화하는 능력이다.

해커는 슬래커와 달리 자신의 운명을 개척해나가는 존재다. 어디로 어떻게 갈지 스스로 결정한다. 자신의 삶을 통제하며 원하는 방향으로 이끈다.

해커의 특징으로는 호기심과 개선 의지를 꼽을 수 있다. 기존 시스템에 안주하지 않고 그것이 최선인지 의문을 제기하며 더 나은 체계, 나아가 시스템을 뛰어넘을 돌파구를 모색한다. 끈기와 자발성이 강해 남을 따라가지 않고 스스로 문제를 해결한다. 모르는 게 있으면 직접 배우러 나선다. 다각도로 상황을 들여다보며 완벽한 이해를 추구하고 앞서 나가려 애쓴다.

해커는 기회를 포착할 뿐 아니라 지식을 행동으로 연결해 실질적인 변화를 이끌어낸다. 이해만 하고 행동하지 않으면 슬래커 사고방식에 갇히고 만다.

나도 한때 그랬다. 2000년대 후반 실리콘밸리 연방정부 공무원으로 일하며 적당한 연봉을 받았다. 그사이 지인들은 CEO가 되고 스타트업을 차리는 등 흥미로운 커리어를 쌓았지만, 나는 그저 평범한 직장인에 불과했다. 그러면서 스스로 그들과 비교하게 됐다. 내 일이 세상에 눈에 띄는 영향을 주는 것은 아니었다. 좋은 직장에서 열심히 일하며 나름대로 성장하긴 했어도 장기적으로 내가 원하는 곳에 닿지 못한다는 느낌이었다. 친구들은 다들 뭔가를 하고 있는데 나는 왜 제자리걸음일까? 난 무엇을 놓친 것일까?

그때 번개처럼 깨달았다. 내가 게을렀다는 것을. 열심히 일하긴 했지만, 더 큰 방향은 놓치고 있었다. 나는 전략에 소극적이었고 부지런히 노력해도 삶에 의미 있는 진전이 없었다.

내가 왜 이 일을 하는지 곰곰이 생각하면서 해킹 지식을 실생활에 적용하기 시작했다. 한발 물러서서 삶의 궤적을 되짚어본 순간이 바로 리버스 엔지니어링, 즉 상황을 분석하여 개선 방안을 모색하는 과정의 시작점이었다(자세한 내용은 5장에서 설명한다).

그때부터 인생 전반에 해커의 관점을 투영하기로 했다. 바로 그때 '진자pendulum'라는 개념을 발견했다.

전략과 실행 사이를 자유롭게 넘나드는 사람

해커가 가진 가장 주목할 만한 특징은 전략과 실행을 균형 있게 조율하며 목표를 달성하는 능력이다. 전략 없이 그저 실행에만 힘을 쏟는 부지런해 보이는 슬래커, 계획만 세우고 행동으론 옮기지 않는 몽상형 슬래커와 달리 해커는 이 둘을 조화시키고 유연하게 오간다. 해커는 마치 '진자'처럼 전략과 실행 사이를 자유자재로 넘나들며 이를 조화시킨다.

물리학자들이 말하는 '감쇠 구동 조화 진동자damped driven harmonic oscillator'인 추시계 추와 같다. 진동 과정에서 마찰이나 공기 저항 같은 방해 요인 때문에 움직임이 느려지는데 이를 '감쇠'라고 한다. 이때 구식 시계의 태엽 스프링이나 현대식 시계의 전기 에너지가 저항을 극복하도록 동력을 제공하여 작동시킨다. 그리고 양쪽 어디에도 치우치지 않고 완벽한 균형을 이루며 움직이니 이를 '조화 진동'이라 부른다.

이것이 바로 해커가 된다는 의미다. 내부든 외부든 언제나 저항이 존재한다. 슬래커 사고에 매몰되거나, 전략에만 골몰하다가 행동으로 나아가지 못하거나, 반대로 조바심에 휩싸여 충분한 전략 없이 섣불리 뛰어들기 쉽다. 저항을 뚫고 전략과 실행의 완벽한 균형을 잡으려면 언제나 해커 정신을 유지하려는 노력과 의지가 필요하다. 이런 노력의 대가로 계획과 실행이 조화를 이뤄 목표에 도달할 수 있고, 그것도 가장 최적화된 방식으로 성취할 수 있다.

전 세계의 성공한 이들은 대개 이런 삶의 균형을 유지한다. 일론 머스크만 봐도 그렇다. 10대 때 그는 비디오 게임을 만들어 팔았다. 슬래커였다면 게임 하나하나를 개발하는 데만 신경 썼거나 꿈은 크지만 실천엔 약했을 것이다. 하지만 그는 큰 성공을 위한 전략을 짜고 이를 실행했다. 나중에 페이팔, 스페이스X, 테슬라에 합병된 엑스닷컴X.com을 세우는 등 실천에 나서 크게 성공했다.

머스크는 이렇게 전략과 실행 사이를 유연하게 넘나들었고, 이 전략의 효과는 그가 세계 최고의 사업가 중 한 명이 된 사실로 증명된다. 세상에는 잠재적인 일론 머스크가 수두룩하다. 해커 마인드를 적용하는 것이 그 잠재력을 현실화하는 비결이다.

당신만의 '진자'를 품고 살아라

결국 슬래커에서 해커로의 전환이 관건이다. 슬래커 사고를 벗어 던지고 해커 접근법을 체화하는 법을 익혀야 한다. 이 책은 해커의 여러 원리와 사고방식, 삶의 다방면 적용법을 알려주고 있다. 하지만 무엇보다 자기 자신이 해커 정신 구현을 위해 노력해야 한다.

전략에 너무 치중하진 않는지, 실행에만 골몰하진 않는지 스스로 돌아보고 불균형을 바로잡으려는 자각과 성찰이 필요하다. 전략과 실행 사이의 완벽한 균형을 추구하며 해커로서의 자세를 유지하려면 당신만의 '진자'를 마음에 품고 있어야 한다. 이런 각오로 이 책의 각 장을 하나씩 여행하다 보면 무한한 가능성이 당신의 눈앞에 펼쳐질 것을 확신한다.

3
취약점 스캐닝:
기회는 어디에나 있다

피카소의 명언 중 아직도 마음에 남아 있는 게 있다. "모든 아이는 예술가로 태어난다. 문제는 자라면서도 예술가로 남는 법이다." 아이들은 타고난 재능을 지녔지만 성장하며 대개 잃어버린다는 생각에 크게 공감한다. 해커를 대표하는 여러 특성을 설명하려 하자 그 이유가 분명해졌다.

곰곰이 생각해보면 호기심, 용기, 결단력과 같은 해커의 핵심적 특성들은 사실 어린아이들에게서 쉽게 발견할 수 있는 자질이다. 우리는 모두 태어날 때부터 이러한 해커의 본능을 지니고 있었지만, 성장 과정에서 대부분 잃어버렸다. 사회는 우리더러 고개 숙이고 시스템에 적응하라고 훈련을 시키고, 자신이 만든 체제에 순응하게 만든다. 자기가 만든 시스템에 의문을 품는 개인보다 더 파괴적인 것은 없으니까. 그래서 학교나 직장 같은 사회의 다양한 기관은 이런 기질을 억누른다.

학교를 보자. 학교의 주된 존재 이유는 어린 영혼을 교육하고 성인기를 준비시키는 일인 듯 보인다. 하지만 현실은 다르다. 학교는 아이들을 얼마나 잘 성장시키고 세상에서 살아갈 준비를 해주었는지로 평가받지 않는다. 그저 졸업생 수와 성공 여부로 평가될 뿐이다. 이러한 평가 시스템 아래에서 학교는 학생들에게 실제 세상에서 필요한 실질적인 기술을 가르치는 데 집중하기보다는, 단순히 시험을 통과하고 졸업장을 받는 방법만을 가르친다. 이는 학교 교육과 현실 세계 사이의 괴리를 더욱 크게 만든다. 그 결과 더 큰 가치가 어디 있는지는 생각하지 않고 주어진 틀 안에서만 움직이도록 훈련된 무리가 탄생한다.

암울해 보이는가? 하지만 우리 모두가 해커의 기질을 타고났다면 그것을 되새기고 다시금 발현할 능력도 어딘가에 있다는 점은 기억하자. 이것은 이번 장의 주제이기도 하다. 각 특성을 살펴보며 자신을 돌아보고 삶에서 그것을 구현하는 모습을 상상해보자. 스스로에게 물어보라. 내가 이 특성에 얼마나 부합하는지, 얼마나 조화를 이룰 수 있을지를. 이 장을 마치면 여러분은 이 모든 특징을 삶에서 드러낼 뿐 아니라 그렇게 하는 게 오히려 자연스럽다는 사실을 알게 될 것이다.

이제 망설이지 말고 해커의 특성을 파헤쳐보자!

호기심

해커가 갖춰야 할 가장 두드러지는 첫 번째 특성은 호기심이다. 해커는 늘 시스템이 어떻게, 그리고 더 중요하게는 왜 작동하는지 질문한다. 이런 물음의 밑바탕엔 시스템의 한계를 뛰어넘는데 활용할 수 있는 지식, 즉 해킹의 자원이 될 지식에 대한 끝없는 갈망이 자리하고 있다. 질문을 쏟아내려면 도전적 가정을 멈추지 않아야 한다. 대부분은 주어진 현실을 그대로 받아들이지만, 혁신가, 파괴자, 진정한 해커는 왜 상황이 달라질 수는 없는지 궁금해한다.

그들은 장난기가 넘친다. 앞서 언급했듯 이런 자질 중 상당수는 어린아이의 본성을 닮았는데, 호기심도 예외는 아니다. 우리는 어떤 질문에도 "왜?"라는 질문으로 더 깊이 들어갈 수 있다. 어린 시절 한 번쯤 해봤을 것이다. 아빠, 왜 나가? 일하러 가야지. 왜? 돈 벌어야 하니까. 왜? 먹고 자고 쉬려면 돈이 필요해서. 왜? 행복해지려고. 왜? …… 이런 식으로 끝없이 이어진다. 그 과정에서 아이는 배움을 쌓고 힘을 얻는다.

하지만 자라면서 많은 이들이 질문을 멈춘다. 이미 다 알고 있다고 생각하거나, 질문이 무지를 드러내 또래에게 창피해질까 봐. 지식이 많아 보이려는 욕망이 오히려 우리를 무지에 가두는 아이러니가 펼쳐진다.

TV 프로그램 〈호기심 해결사Myth-Busters〉의 두 진행자 애덤

새비지와 제이미 하이네먼은 대중의 소문, 미신, 통념을 과학적으로 검증하는 작업을 함께했다. 경험적 증거를 중시하는 제이미와 과학자다운 직관을 중시하는 애덤은 종종 의견 충돌을 빚었다.

한 영상에서 애덤은 흥미로운 일화를 들려주었다. 실험용 그물 색상을 고르는 과정에서 제이미가 검은색을 제안하자, 애덤은 빛 반사율이 높은 흰색이 더 적합하다고 주장했다. 그러자 제이미는 늘 그랬듯 "증명되지 않은 주장은 받아들일 수 없다"는 듯한 눈빛을 보냈다. 애덤은 처음엔 답답함을 느꼈지만, 곧 제이미의 이런 태도야말로 그를 뛰어난 엔지니어로 만든 원동력이라는 것을 인정했다.

물론 제이미 같은 질문 폭격 성향은 현실에선 오래가기 힘들 때가 많다. 아이와 해커의 차이는 해커가 상황에 맞게 신뢰를 바탕으로 호기심을 절제할 줄 안다는 거다. 살다 보면 만사에 의문을 던질 수는 없고, 흐름을 타야 할 때도 많다. 하지만 호기심의 불씨를 어느 정도 살리면서도 성급한 추측은 자제하는 것 또한 중요하다. 미묘한 균형 감각이 필요한 것이다.

앞 장에서 해커와 슬래커를 가르는 진자에 대해 언급했다. 호기심과 수용 사이의 적절한 경계를 파악하는 것, 그것이 바로 균형의 비결이다. 이 균형은 오래된 러시아 속담으로 정리할 수 있다. 신뢰하되 검증하라Trust, but verify.

지속적인 개선

이것은 이 장에서 다루고자 하는 가장 강력한 특성 중 하나다. 대부분은 개선을 목적 달성을 위한 수단 정도로 여긴다. 그들은 특정 역량을 일정 수준까지 끌어올려 무언가를 이루려 애쓰다가 일단 해내고 나면 노력을 멈춘다. 반면 해커에겐 한계가 없다. 개선은 끝없이 지속되며, 지속성 덕에 효과는 기하급수적으로 커진다.

일반적 개선과 해커식 개선의 차이는 이 아이러니한 예시에서 여실히 드러난다. 컴퓨터 프로그램을 짤 때 대다수 프로그래머는 그저 코드가 제대로 돌아가기만을 바란다. 코드는 매우 변덕스러워서 종종 사소한 문제로 작동을 거부하곤 하기 때문이다. 2022년 스택오버플로Stack Overflow 개발자 설문조사에 따르면 응답자의 50% 이상이 본인이 짠 코드가 왜 작동하지 않는지, 어떻게 해결할지 파악하는 데만 하루에 1시간 넘게 쓴다고 답했다.

프로그래머들은 온라인 커뮤니티에서 코딩 문제에 관한 해답을 쉽게 얻을 수 있다. 하지만 대부분의 전문 프로그래머들은 코드가 작동하는 것만을 중요시한다. 오류가 있는 코드를 올리고 다른 사람의 수정안을 기다렸다가, 제안받은 코드를 단순히 복사해 붙여넣기 하는 것으로 끝낸다. 코드가 왜 작동하는지, 이전 코드는 왜 문제가 있었는지 이해하려 하지 않는다.

이런 상황에서 해커가 문제 해결책을 제시할 때 흥미로운 역설이 발생한다. 해커가 제시한 코드는 프로그래머의 당면 과제를 해결해주지만, 동시에 해커가 나중에 활용할 수 있는 보안 허점을 남기기도 한다. 해커는 단순 작동을 넘어 원리를 탐구하려는 성향 덕분에, 표면적 기능만 이해하는 이들의 취약점을 파악할 수 있게 되는 것이다.

그리고 개선에 개선이 겹치면 그 효과는 배가된다. 많은 이가 학창 시절 수학 시간에 복리에 대해 배웠을 것이다. 이자가 계좌에 입금(또는 빚에 가산)될 때마다 늘어난 금액에 같은 비율로 붙으니 다음 단계의 이자액은 더 불어난다. 복리 효과는 어느 것에나 적용된다. 제임스 클리어는 그의 책 《아주 작은 습관의 힘》에서 어떤 기술을 매일 1%씩 늘린다면 어떻게 될지 따져봤다.

매일 1% 향상이라니 꽤 달성 가능한 목표로 들리지 않는가? 매일 이렇게 한다면 실력이 금세 쌓일 것이다. 매일 1%씩만 개선해도 1년 뒤엔 총 3,700%, 다시 말해 1년 전보다 거의 37배나 더 나은 자신이 될 수 있다.

좀 더 구체적인 예를 들어보자. 헬스장에서 웨이트 운동을 한다고 치자. 특정 웨이트를 20회 반복하는 게 가능해진 후에 지속적 향상을 이루어내고자 매주 5%씩 늘리기로 했다. 20회의 5%인 1회씩 추가하는 거다. 몇 주가 지나면 추가 회수는 불어날 것이다. 물론 아무도 무한정 역기를 들 순 없으니 반복 횟수는 정체되겠지만, 적어도 초반에는 복리 효과 덕에 엄청나게 빠른 개선을 이뤄낼 수 있다.

컴퓨터 해킹 분야에선 이런 식의 지속적 개선 노력이 필수가 됐다. 무어의 법칙에 따르면 새로운 컴퓨터 시스템의 성능이 2년마다 2배씩 높아지면서 기술은 언제나 기하급수적인 속도로 진화하고 있다. 2007년 1세대 아이폰을 보면 명확하다. 당시엔 최첨단이자 모바일 업계의 대변혁이었다. 그러나 현재 초기 아이폰을 사용하려고 한다면 느리고 투박하며 완전히 구식으로 느껴질 것이다. 그 뒤로도 기술은 계속해서 발전해왔다.

기술이 나아갈수록 해커도 그 속도를 따라잡지 못하면 도태되고 만다. 은행 계좌에 돈을 예금하는 것과 비슷하다. 이자를 적용하지 않고 단순히 저축해두면 액수 자체는 변화가 없지만, 장기적인 관점에서 인플레이션으로 인해 물가가 그 이상으로 상승하면서 실제 가치는 감소한다. 해킹 기술과 노하우도 이와 마찬가지이며 해커로 하여금 끊임없이 발전하게 만드는 원동력이 된다.

컴퓨터 해킹 커뮤니티에는 CTFCapture The Flag 연습이라는 이벤트가 있다. 컴퓨터 시스템 어딘가에 '깃발'이 숨겨져 있고, 해커들은 침투해 이 깃발을 탈취해야 한다. 경쟁과 도전 그리고 성장 기회 외엔 다른 보상은 없다. 해커들은 실전 경험을 통해 기량을 연마하고 자신을 강화하며 역량을 높여, 보다 날카롭고 숙련된 해커로 성장하여 끊임없이 진화하는 기술 발전 속도를 따라잡는다.

해커 마인드셋의 핵심은 이런 자질이 사이버 영역에 국한되지 않고 삶의 모든 영역에 적용될 수 있다는 데 있다. 헬스장에서 운동을 하든, 특정 주제에 대한 지식을 넓히든, 게임 실력을 높이든, 끊임없이 개선하려는 노력은 시간이 흐를수록 꾸준히 열매를 맺는다.

용기

새로운 것을 이루는 데 용기는 필수다. 새로운 도전을 방해하는 요인 중 하나가 실패에 대한 두려움인데, 이 공포를 이겨내는 것이 성장의 핵심이다. 새로운 걸 해보면 잘못되거나 뜻대로 안 될 때가 있다. 하지만 시도조차 하지 않을 때의 위험에 비한다면 사소한 문제에 불과하다. 이것이 해커에게 용기가 중요한 이유다.

컴퓨터 프로그램은 거대하고 복잡한 코드 행렬일 때가 많아, 프로그래머들은 초기부터 한 부분의 사소한 변경이 전체에 예상치 못한 영향을 줄 수 있다는 사실을 인지하고 있다. 그럼에도 코드를 고치지 않고는 새로운 것을 내놓을 수 없으니 예상 밖의 결과에 대한 위험을 감내하는 것이다. 실제로 변화는 아주 신속히 이루어지고, 그 결과도 빨리 확인할 수 있어 변경과 디버깅 주기가 프로그래밍 과정의 당연한 일부가 됐다. 이런 과정에서 프로그래머는 특유의 용기를 기르고, 그것이 전혀 문제될 게 없으며 새로운 것을 내놓는 데 따른 이점이 해결해야 할 불편을 훨씬 압도한다는 점을 깨닫는다.

화이트 해커에게 용기는 필수적인 자질이다. 이들의 역할은 고객사 시스템의 보안 취약점을 발견하고 해결책을 제시함으로써 전체적인 보안 수준을 높이는 것이다. 하지만 보안 결함이 발견되었다는 소식은 회사 운영에 즉각적인 차질을 빚을 수 있고, 상당한 비용 지출을 수반한다. 장기적으로는 더 견고한 시스템을 구축하는 이점이 있지만, 예상치 못한 대규모 투자를 해야 한다는 소식을 경영진이 반길 리 없다.

따라서 화이트 해커는 고객과 불편한 진실을 나눌 수 있는 용기가 필요하다. 한편 고객은 당장은 달갑지 않은 소식이라도, 장기적 관점에서 더 큰 가치를 위한 필수 과정임을 이해해야 한다. 프로그래머와 마찬가지로 해커는 이러한 용기를 키워나가며, 이는 삶의 전반에 걸쳐 발휘되는 자산이 된다.

용기는 성공한 사람들의 특징이다. 사이버 보안이든, 비즈니스든, 스포츠든 모든 영역에서 그렇다. 스케이트보드를 예로 들어보자. 스케이터들은 트릭을 시도할 때마다 넘어져 다칠 위험을 언제나 염두에 둔다. 하지만 그 위험을 무릅쓰고, 때로는 실제로 다치기도 하지만 계속 밀어붙일 배짱을 지닌 자만이 미래의 토니 호크가 될 수 있다.

공포에 맞서고 역경에 굴하지 않는 능력은 성공의 핵심 요소다. 꿈을 좇는 길에는 언제나 험난한 장애물이 놓이지만, 결국 그 장벽을 똑바로 마주하고 뛰어넘을 용기가 꿈을 이룰 수 있느냐 없느냐를 가른다. 결국, 감내할 수 있는 최대의 위험은 아무런 위험도 감수하지 않는 것이다.

투지

4장에서 보겠지만 해커 사고방식의 원칙은 공격적 마인드다. 원하는 바를 얻으려면 한 번만 성공하면 된다. 반면 방어적 사고방식은 모든 걸 제대로 끝까지해내야 한다. 해커가 컴퓨터 시스템을 침투하려 할 때 거시적인 관점에서는 어떤 방식으로 침투하는지가 그다지 중요하지 않다. 해커는 근간을 이루는 시스템의 한 결함을 이용하거나 특정 취약점을 파고들 때까지 계속 시도할 수 있다. 그리고 일단 침투하고 나면, 그걸로 끝이다.

이게 바로 끈기가 중요한 이유다. 한 방식이 통하지 않으면 다른 방식을 써보면 되고, 언젠가는 해법을 찾아 목적을 달성할 수 있다.

사이버보안 기업인 오펜시브 시큐리티Offensive Security, 일명 오프섹은 업계 표준으로 인정받는 '오펜시브 시큐리티 공인 전문가OSCP'라는 자격증을 부여한다. OSCP만 따면 취업이 보장된다. 이 자격증은 악명이 자자한데, 누군가 시험을 치르다 막히거나 떨어질 때마다 "더 열심히 해봐"라며 채근했기 때문이다. 이 문구는 해킹 문화에 깊이 뿌리박혀 누군가는 "트라이 하더Try Harder"라는 레게 곡을 발표하기도 했다. (농담이 아니다. 유튜브를 찾아보라!)

이 문구가 담은 철학은 실패한 이들은 끈기가 모자랐던 것이고, 성공을 갈망한다면 더 노력하면 된다는 식이다. 굳은 의지만 있다면 이루지 못할 게 없다는 얘기다.

사업가 정신도 다르지 않다. 가장 유명하고 성공한 기업가들 상당수가 대박 난 그 한 사업에 이르기까지 여러 번 도전했다 실패를 겪었다. 물론 망한 사업 이야기는 잘 듣지 못하겠지만, 모든 게 끝나고 보면 그들의 집념이 열매를 맺어 성공으로 기억되기 때문이다.

하지만 끈기는 목표에 맞게 조절되어야 한다. 다시 사이버보안으로 돌아와 "펜테스팅pentesting"과 "레드팀red teaming"이라는 두 종류의 보안 검사를 비교해보자. "침투 테스트penetration testing"의 준말인 펜테스팅은 화이트햇 해커 팀이 컴퓨터 시스템을 뚫어 허점을 찾아내 시스템 개발자에게 보고하는 과정이다. 이들의 과제는 주어진 기간 내에 가장 효과적인 침투 방법을 발견하는 것이다.

레드팀은 이보다 한 단계 더 나아간다. 이들은 수개월에서 수년에 걸친 장기 작전을 수행하며, 끈기의 차원을 달리한다. 그렇다고 레드팀이 펜테스팅보다 항상 더 나은 결과를 도출하는 것은 아니다. 이는 전적으로 목표에 달려 있다.

예를 들어, 국가 지원을 받는 해커로부터 시스템을 보호해야 하는 정부나 군사 기관의 경우, 레드팀의 철저하고 장기적인 접근이 필수적이다. 이런 상황에서는 어떤 대가를 치르더라도 시스템을 완벽히 보호하는 것이 중요하기 때문이다.

반면, 대부분의 상용 시스템 개발자들에게는 2주간의 펜테스트만으로도 충분하다. 이들에게 레드팀 방식은 과도하고 비용이 많이 드는 접근법이다.

이러한 원리는 사이버 보안뿐 아니라 모든 분야에 적용된다. 사업 실패를 경험한 기업가들이 새로운 도전에 나서는 것처럼, 미미한 수익을 위해 수년을 허비하는 것은 비합리적이다. 해커식 끈기의 핵심은 실현 가능한 성과를 기준으로 언제, 어디에 집중할지 판단하는 능력에 있다.

현실감

현실 감각은 성공을 이루는 데 매우 중요한 특성이다. 해커는 개별 특성을 발휘할 때에도 현실적인 자세를 견지해야 하며, 현실감은 다른 특성이 과도하게 발현되는 것을 조절하는 역할을 한다. 해커 사고방식의 핵심에 있는 진자 이미지를 떠올려보라. 전략과 실행의 균형을 잡는 진자처럼, 호기심, 집념, 용기 그리고 나머지 모든 것의 균형을 현실적으로 유지하는 것이 중요하다.

결국 중요한 건 스스로에게 솔직해지는 것이다. 이러한 특성, 다음 장에서 소개할 해커의 원칙 그리고 이 책 전체는 당신이 원하는 성공을 이루는 열쇠를 제공하긴 하지만, 그렇다고 이것이 당신을 초인이 되게 하지는 않는다. 사실, 현실적인 사람이 되려면 인간에겐 한계가 있다는 점, 즉 어떤 영역에선 강점이, 어떤 영역에선 약점이 있음을 인정하는 게 중요하다. 성공으로 향하는 길은 자신의 강점을 알아차리고 이를 최대한 활용하는 데 있다.

최고의 결과를 얻으려면 자신의 한계를 이해하고 약점을 직시해야 한다. 이를 간과하는 사람들은 모든 것을 혼자 해결하려다 실패하기 쉽다. 반면 성공한 이들은 자신의 전문 분야에 집중하고, 다른 영역은 적임자에게 위임한다. 이를 통해 각 요소를 가장 적합한 사람이 담당하게 함으로써 최종 결과물의 질을 극대화할 수 있다.

또한 성공으로 가는 길은 흥미진진하게 보일 수 있고 실제로 일정 부분 그렇겠지만 지루하고 고된 과정 또한 불가피하다는 걸 인지해야 한다. 컴퓨터 해킹도 그렇다. 펜테스터와 레드팀은 고도로 방비된 통신망에 침투하는 스릴 넘치는 일을 하지만, 보고서 작성과 고객 관리도 여전히 해야 한다. 훌륭한 해커는 현실 세계에서 성공하려면 하고 싶은 일뿐 아니라 해야만 하는 일도 감수해야 함을 깨닫는다.

현실적인 태도는 목표 달성에 필요한 시간과 과정을 객관적으로 파악하는 것이다. 예컨대, 맥도날드 카운터에서 일하기 시작한 10대가 다음 주에 CEO가 되는 건 불가능하다. 하지만 이 일은 카운터에서 관리직으로, 지점에서 본사로 이어지는 긴 여정의 시작일 수 있다. 내가 "그럴 수도 있다"라고 말하는 이유는 실현 가능성이 전적으로 개인의 경영자적 자질과 의지에 달려 있기 때문이다.

캐나다의 교육자 로렌스 피터가 제시한 '피터의 원리'는 이런 상황을 잘 설명한다. 이 이론에 따르면, 조직 내에서 구성원들은 자신의 능력을 벗어나는 직위까지 승진하게 된다. 업무 성과가 좋으면 승진하지만, 결국 자신의 역량을 넘어서는 자리에 도달하면 더 이상의 성장이 멈춘다. 이때는 해당 업무를 수행할 능력뿐 아니라, 자신의 부적합성을 인식할 통찰력마저 부족한 상태가 된다.

이는 단순히 조직의 계층 구조 문제를 넘어, 자기 이해의 중요성을 보여준다. 피터의 원리에 빠지지 않으려면 자신의 한계를 정확히 인지하는 능력이 필요하다. 적성과 능력이 맞지 않는데도 CEO를 목표로 하는 것은 비현실적이다. 결국 관건은 자기 이해를 바탕으로 자신의 강점을 최대한 활용하는 것이다.

자기 이해만큼 중요한 것이 상황 파악이다. 자신이 처한 상황이 목표 달성에 유리하지 않을 때가 많다. 필요한 자원이 부족하거나 진행을 방해하는 장애물에 부딪힐 수 있다. 이상적인 시나리오를 그리는 것도 좋지만, 현실은 그렇게 순탄치 않다. 따라서 실현 가능한 목표와 방법을 고민해야 한다. 환경이든 자아든, 현실을 있는 그대로 파악하는 능력은 성공적인 해커가 갖춰야 할 핵심 자질이다.

효율성

끝으로 강조하고 픈 해커의 특성은 시간과 자원을 효율적으로 쓸 줄 아는 능력이다. 우리 모두에게는 하루 24시간이 공평하게 주어지고, 대개는 그 시간 내에 하고 싶은 걸 다 할 수는 없으니 그 시간을 어떻게 쓰느냐가 관건이다.

펜테스트는 보통 2주간 이뤄진다. 그 기간에 시스템에 침투할 방법을 전부 시도하는 것은 현실적으로 불가능하니, 해커는 악의적 해커가 악용할 법한, 시스템이 가장 취약한 경로에 집중해야 한다. 웹 애플리케이션의 가장 중요하고 광범위한 보안 허점 목록을 정리한 것이 바로 "OWASPOpen Web Application Security Project Top 10"이다. 펜테스터는 이 목록에 먼저 주력함으로써 최소한의 시간과 노력으로 시스템 개발자에게 최대의 가치를 전달한다. 이것이 해커의 본질이다.

OWASP Top 10은 사이버보안 분야에 파레토 법칙(80대 20 법칙)을 적용한 것이다. 이 법칙은 결과의 80%가 원인의 20%에서 비롯된다고 본다. 더 나아가 이 원칙을 다시 한번 적용하면, 원인의 4%만으로 결과의 64%를 얻을 수 있다. 예를 들어, 12시간짜리 작업의 64%를 단 30분 만에 완료할 수 있다는 계산이 나온다.

하지만 파레토 법칙은 초반 작업이 항상 가장 효율적이라고 말하지는 않는다. 이것이 바로 해커 수준의 효율성이 필요한 이유다. 관건은 투자 시간 대비 최고의 성과를 낼 수 있는 지점을 정확히 파악하고 거기에 집중하는 것이다. 때로는 이 지점이 명확하지만, 그렇지 않은 경우도 많다.

다만 최적의 시점을 찾는다고 지나치게 오래 고민해서는 안 된다. 해커 사고방식의 핵심인 진자처럼, 전략과 실행 사이를 오가며 균형을 잡아야 한다. 방법론에만 매몰되면 실제 실행이 지연될 수 있기 때문이다.

보안 전문가들이 OWASP Top 10을 중요한 지침으로 삼듯이, 다른 분야에도 이와 유사한 가이드가 존재한다. 영양사들은 최적의 식단을, 피트니스 트레이너들은 효과적인 운동법을 제시한다. 모든 영역에는 효율성을 높이는 방법이 있으며, 이 책은 삶 전반에 걸쳐 그러한 효율성을 달성하는 방법을 제시할 것이다.

6가지 특성의 결합

해커의 여섯 가지 특성은 각각 그 자체로도 강력하지만, 서로 결합될 때 진가를 발휘한다. 두 개 이상의 특성이 만나면 '슈퍼 특성'이 탄생하는데, 6개 기본 특성을 포함해 총 63개의 조합이 가능하다. 여기서는 두 가지 예만 들겠다.

> 용기 + 끊임없는 개선 = 자기 동기 부여

진정한 자기 동기 부여가 되려면 용기와 지속적 개선이 모두 필요하다. 물론 꾸준한 개선 노력이 자기 동기 부여의 근간이지만, 용기 또한 마찬가지다. 자기 동기 부여를 위해서는 개선하려는 동기와 더불어 그걸 추구할 자신감도 있어야 하기 때문이다.

> **호기심 + 용기 + 끊임없는 개선 = 자기 주도 학습**

오토디덕트autodidact라 불리는 자기 주도 학습자는 이 세 가지 특성을 모두 갖추고 있다. 나의 경우, 학창 시절 교과 과정을 넘어선 자발적 학습을 즐겼다. 2학년 때 이미 3학년 교과서를 구해 방학 동안 공부했던 것처럼. 발전하려는 의지, 도전할 용기, 배움에 대한 호기심이 합쳐져 결국 고교 시절 연방정부에서 일할 만큼의 해킹 실력을 독학으로 습득할 수 있었다.

이는 수많은 가능한 조합의 일부일 뿐이다. 여러분도 직접 특성들을 조합해보며 어떤 슈퍼 특성이 만들어질지 상상해보길 권한다.

지금까지 해커의 주요 특성과 그 중요성, 그리고 이들의 조합으로 만들어지는 슈퍼 특성을 살펴보았다. 강조하고 싶은 점은 이 모든 특성이 우리의 노력으로 계발 가능하다는 것이다. 어느 누구도 태생적으로 용기만 있거나 현실감만 있지는 않다. 이러한 특성들은 꾸준한 실천을 통해 발전한다. 용기가 필요하다면 위험을 감수하고 도전해야 하며, 현실감을 키우고 싶다면 객관적 시각을 기르려 노력해야 한다. 결국 해커의 특성을 갖추는 것은 타고난 재능이 아닌, 개인의 선택과 노력에 달려있다.

이제 해커의 특성을 살펴보았으니, 6대 해커 원칙을 더 자세히 알아보도록 하자. 특성이 성공을 향한 개발 가능한 자질이라면, 원칙은 목표 달성을 위한 구체적인 사고방식과 과정이다. 다음 장에서는 각 원칙의 세부 내용과 해커들의 활용법, 그리고 이것이 우리 삶에 주는 의미를 탐구해보겠다.

그럼 이제 첫 번째 해커 원칙으로 넘어가보자.

2부

인생 해커의
6가지 도구

4
공격적 태도:
수동적 삶에서 벗어나기

앞 장에서 집념의 특성에 대해 이야기하면서 공격적인 태도를 가져야 한다고 했던 걸 기억하는가? 수비수는 한순간도 빈틈을 보여선 안 되지만, 공격수는 단 한 번만 성공하면 된다. 그들은 과거에 수없이 실패했을지 모르나 일단 이뤄내면 목표를 달성한 것이므로 더는 과거의 실패가 중요치 않다. 바로 이런 역학 관계 때문에 공격적 입장이 막강한 힘을 발휘한다.

공격하지 않으면 당신은 수비해야 한다. 두 개의 힘, 두 개념, 두 요소 또는 두 사람이 맞붙을 때마다 한쪽은 공격하고 다른 쪽은 방어하는 게 예나 지금이나 불변의 법칙이었다. 이런 대결 구도는 어디서 무엇을 하든 피할 수 없다. 언제나 이해관계가 충돌하고 관점이 엇갈리기 마련이다. 문제는 그런 상황에 처했을 때 방어적으로 굴 것인가, 아니면 공격적으로 나설 것인가이다.

공격이 최선의 방어

중세의 검투는 그 완벽한 예시다. 이 대결의 목표, 즉 '성공 기준'은 한 선수가 상대를 쓰러뜨리는 것이다. 자, 한 선수가 칼로 상대를 공격하고 다른 선수가 이를 막아낸다고 치자. 공격자는 목표 달성에 실패한 셈이다. 공격자는 몇 번이고 다시 공격하지만 매번 상대는 방어한다. 하지만 결국 공격자는 수비수의 방어를 뚫고 공격을 성공시키고, 수비수는 쓰러진다. 공격자는 승리하고, 최종 결과는 첫 공격이 성공했을 때와 다를 바 없다.

싸움 내내 수비수는 반격할 기회를 얻지 못했는데, 방어에 너무 바빴기 때문이다. 매 순간 공격을 막아내야 했고, 그 공격이 끝나면 다음 공격이 이어졌다. 공격자는 상대가 수비 이상의 행동을 할 여지를 주지 않았고, 그 순간부터 그의 운명은 정해져 있었다.

현대 사회의 모든 영역에서 이러한 원리가 적용된다. 당신이 새로운 아이디어를 제시하고, 변화를 추진하며, 끊임없이 도전한다면, 주변 사람들은 그에 반응하고 적응해야만 한다. 당신이 상황을 통제하고 있다는 뜻이다. 실패를 두려워하지 않고 계속 시도하는 이들이 결국 혁신을 이뤄내고 산업을 재편한다. 비즈니스, 정치, 혁신, 심지어 개인 성장에 이르기까지 주도권을 쥐고 행동을 취하는 사람이 게임의 규칙을 정한다. 당신이 행동을 취하고, 리스크를 감수하며, 끊임없이 전진한다면, 앞으로 일어날 일의 방향을 결정하고 의제를 설정하는 것은 다름 아닌 당신이다. 미래를 형성하는 힘은 바로 당신의 손에 있다.

불운을 기회로 만드는 힘

공격적 태도는 실제로 누군가와 맞붙을 때만 해당하지 않는다. 사실, 우리 모두가 겪는 가장 크고 지속적인 대결은 자신의 환경, 즉 세상과의 싸움이다.

우리는 모두 사회의 틀 안에 있고 온갖 규칙의 지배를 받는다. 크게는 민법과 형법이 있고, 회사나 특정 업계에서 일한다면 다양한 규정과 규약이 있을 것이다. 하지만 사회 규범에는 불문율, 해야 할 일과 하지 말아야 할 일, 가능한 것과 불가능한 것에 관한 통념 또한 존재한다.

공격적이란 말은 단순히 이런 규칙의 테두리 안에서 공격적인 게 아니라 '시스템 자체에 대해' 취하는 자세를 의미한다. 대부분은 이런 면에서 수비적이다. 그들은 목표 달성 방안을 궁리하되, 자신이 속한 환경의 규칙 내에서만 가능하다고 여긴다. 그러나 해커는 '규칙 그 자체'에 도전한다는 점에서 차별화된다.

얼마 전 한 이미지가 인터넷에서 화제였다. 티켓을 끊어야만 통과할 수 있는 차단봉이 있는 주차장 입구였다. 특이한 건 입구 좌우로는 벽이나 울타리 없이 잔디밭만 펼쳐져 있었다. 잔디에는 일반적인 경로로 차단봉을 지나지 않고 주변을 돌아간 차량의 바퀴 자국이 선명했다.

이 사진은 내가 말하는 '규칙 깨기'의 완벽한 상징이다. 규칙이 그렇게 정해져 있다는 이유만으로 그 방식을 받아들이는 것을 거부하는 것이다.

공격성이 항상 꼼꼼한 계획에서 나오는 건 아니다. 때로는 뜻밖의 기회가 찾아오기도 하는데, 공격적 마인드가 있다면 기회를 잡기에 가장 좋은 위치에 설 수 있다.

테니스계의 전설 로저 페더러의 사례가 이를 잘 보여준다. 그는 수십 년간 최정상의 자리를 지켜왔지만, 어느 순간 기량이 쇠퇴하고 있다는 소문이 돌기 시작했다. 점점 나이가 들어가고 있었고, 몇 년간 메이저 대회 우승도 없었기 때문이다.

그러던 중 예기치 못한 불행이 찾아왔다. 집에서 아이들 목욕을 준비하다 부자연스럽게 몸을 돌리는 과정에서 무릎 반월상 연골이 찢어지고 말았다. 즉각적인 수술과 긴 재활이 불가피했고, 많은 테니스 해설가들은 이 시점이 페더러의 자연스러운 은퇴 시기가 될 것이라 예측했다. 이미 하향세를 보이던 그에게 이는 적절한 퇴장 타이밍으로 보였기 때문이다.

그러나 페더러는 그냥 주저앉아 있을 사람이 아니었다. 그는 재활 기간을 단순한 회복의 시간이 아닌, 자신의 경기를 분석하고 약점을 보완하는 기회로 삼았다. 특히 자신의 백핸드가 여러 패배의 원인이었음을 파악하고, 복귀 후 이를 집중적으로 보강했다. 그 결과는 놀라웠다. 2017년 호주오픈과 윔블던 우승, 2018년 호주오픈 타이틀 방어에 성공했고, 세계랭킹도 16위에서 2위로 수직 상승했다.

페더러의 전성기를 관통하는 핵심 키워드는 바로 '공격적 접근법'이다. 대부분의 선수가 중대한 부상을 포기의 신호로 받아들일 때도, 그는 이를 새로운 도약의 기회로 전환했다. 예기치 못한 부상의 위기 앞에서도 그의 공격적 면모는 빛을 발했다. 어떤 위기와 마주하더라도, 우리는 그 안에서 새로운 가능성을 발견하고 이를 도약의 발판으로 삼는 공격적 태도를 가져야 한다.

불문율을 뛰어넘어라

해커는 어떤 시스템에 직면했을 때 '여기서 어떤 규칙이나 장벽을 제거하면 내 목적 달성이 더 쉬워질까?'를 고민한다. 이를 간파한 해커는 혁신적인 우회 전략을 구상한다. 페더러와 중세 검투사의 경우처럼 모든 상황에 공통으로 적용된다.

따라서 해커의 특성 중 호기심은 단순한 장난기를 넘어선 창의적 도전 정신의 발현이다. 이 장난기란 요소를 좀 더 발전시키면 공격성의 핵심 동인이 된다. 이는 기존의 틀을 벗어나 사람들의 예상을 뛰어넘는 행동을 취함으로써 고정관념을 타파하는 것을 의미한다. 다른 이들이 그렇게 하지 않기에 종종 이 길을 택하면 목표에 도달할 수 있다.

이에 대한 좋은 예시가 컴퓨터 해킹 커뮤니티에서 활동하던 시절에 있었다. 앞서 해커들이 실력 향상을 위해 CTF 대회를 연다고 언급했다. 나 또한 커리어 초기에 이러한 대회에 참가하여 실력을 검증받았다. 점점 더 난도가 높아지는 수십 개 도전 과제가 있는 만만찮은 대회였지만, 나는 술술 풀어나갔다. 한 시간 만에 모든 문제를 풀어냈고, 주최 측은 그런 나를 의심의 눈초리로 샅샅이 살폈다. 내가 속임수를 쓴 게 아닌가 여긴 것이다. 하지만 내가 어떻게 해냈는지 알아내지 못했으므로 결국 내 승리를 인정할 수밖에 없었다.

어떻게 해냈을까? 나의 탁월한 능력 때문이라고 주장하고 싶지만, 실상은 창의적인 우회로를 선택한 덕분이었다. 나는 대회에 망원렌즈가 달린 캠코더를 가져갔다. 원래는 행사 장면을 찍으려 했는데, CTF 문제를 준비하는 동안 기회가 왔다. 주최 측과는 6미터쯤 떨어져 있어서 사실상 다른 방에 있었고, 너무 멀리 있어 보이진 않았다. 육안으로는 식별이 불가능했지만, 캠코더의 고성능 렌즈로는 선명하게 포착할 수 있었다.

그래서 그들이 도전 과제를 세팅하는 동안 화면을 찍었는데, 운 좋게도 정답이 화면에 나와 있었다. 이후 문제를 풀 때는 미리 찍어둔 사진만 참고하면 됐다. 대회가 끝나고 보니 도전 과제의 승자가 되었다.

해킹의 본질은 문제에 비정형적으로 접근하고, 고정관념을 탈피하는 사고방식에 있다. 물론 이런 식의 사고는 컴퓨터 해킹에만 국한되지 않는다. 몇 해 전에는 플레이보이 맨션에 간 적이 있다. 플레이보이 맨션 방문권을 건 퀴즈쇼에서도 인터넷 검색 금지라는 '불문율'이 명시되지 않았음을 포착해 100% 정답으로 우승했던 것이다.

이러한 사례들은 표면적으로는 부정행위로 비칠 수 있으나, 본질적으로는 공격적 접근법의 효과를 입증하는 탁월한 실례다. 해커는 사회가 설정한 일반적 기대의 경계를 넘어 혁신적으로 행동한다. 해킹의 본질은 시스템의 한계를 초월하고 예측불가한 방식으로 목표를 성취하는 데 있다. 명시되지 않은 규칙의 적용 여부는 개인의 판단에 달려 있다는 것이 해커의 관점이다.

퍼즐을 풀 때도 마찬가지다. 당연히 있을 것이라 여긴 규칙이 실은 명시되지 않아 따르지 않아도 된다는 점을 파악하는 것이 종종 해답이 된다. 해커적 사고의 핵심은 이런 상황을 실전에서 포착하는 능력이다. 자신을 제약하는 믿음이나 가정에서 벗어나는 순간, 모든 것이 해킹의 대상이 될 수 있음을 깨닫게 된다.

방어적 마인드셋에서 벗어나기

내가 공격만 중시한다는 오해는 없었으면 좋겠다. 방어도 매우 중요하다. 공격에 문을 활짝 열어두면 언젠가 수비가 약해진 지점을 노리는 이가 나타날 게 뻔하다. 하지만 내가 전하고 싶은 건, 방어에만 치중하는 사고에서 벗어나 공격적으로 임하면 오히려 더 강력한 방어가 가능하다는 것이다.

축구에서도 이런 원리가 적용된다. 어떤 팀들은 토너먼트 1위를 위해 수비적으로 운영하거나 무승부를 노린다. 평론가들은 이를 '네거티브 플레이'라 부른다. 보통 상대의 공격력을 경계한 전략이지만, 역설적으로 공격적인 팀이 갑자기 수비로 전환할 때 더 효과적일 수 있다. 이미 앞선 점수 차 때문에 상대가 승리하기가 더욱 어려워지기 때문이다.

스포츠 선수들 중에는 현재 연봉에 맞춰 방어적으로만 경기하는 쿼터백이 있다. 이는 직장인들 중 월급 만큼만 일하고 자기계발에는 소홀한 경우와 비슷하다. 이러한 태도는 끊임없이 성장 기회를 모색하는 진취적인 이들과 대조를 이루며, 결과적으로 더 큰 성공을 거두는 사람들과는 거리가 멀어진다.

사이버 보안 분야는 이러한 방어적 사고를 잘 보여준다. 기업들은 대개 방어적 입장을 취하며, 자체 시스템 보안 유지에만 집중한다. 반면 블랙햇 해커들은 모든 수단을 동원해 끊임없이 공격을 시도한다. 화이트햇 해커는 의뢰인 시스템의 보안을 테스트하기 위해 모든 해킹 기술을 활용해야 하지만, 의뢰인들은 종종 시간대 제한이나 특정 영역 접근 금지 등의 제약을 둔다. 물론 블랙햇 해커들은 이런 제한 없이 활동한다.

이러한 딜레마를 극복한 대표적 인물이 1990년대 사이버 보안계의 권위자 새뮤얼 바르나도Samuel Varnado이다. 그는 특히 SCADA(supervisory control and data acquisition, 감시 제어 및 데이터 수집) 시스템 보안 분야에서 명성을 떨쳤다. SCADA는 출입문부터 환기 시스템까지 건물의 모든 설비를 원격으로 제어하는 시스템으로, 악의적 해커들의 주요 표적이었다.

1990년대 초, SCADA 시스템에 대한 해킹 위협이 대두되기 시작했다. 하지만 바르나도의 경고에도 불구하고 대부분의 기업들은 이를 심각하게 받아들이지 않았다. 인터넷이 초기 단계였던 당시, CEO들은 물리적 침입자가 없는 한 인프라가 안전하다고 믿었다. 단순히 비밀번호만으로도 충분하다고 여겼던 것이다.

바르나도는 실제 경험이 최고의 교훈이라 판단했다. 그는 직접

시연을 통해 보안 시스템의 취약성을 입증하기 시작했다. 1990년 대 말까지 미국 유수의 기업들과 정부 기관들이 자랑하던 '철통 보안' 시스템 수십 개를 뚫어내며 심각한 허점을 드러냈다. 이러한 실증적 접근은 효과적이었다. 그의 경고를 등한시했던 CEO들은 쓴맛을 보았고, 이를 계기로 사이버 보안의 중요성을 절감하며 본 격적인 시스템 보안 강화에 나섰다.

그때부턴 보안 담당자들이 사이버 보안의 중요성을 충분히 인 식하고 있으리라 믿겠지만 안타깝게도 사람들은 아직까지 컴퓨터 시스템 내부 영역 보안의 취약점을 간과하고 있다. 바르나도가 사 이버 보안 강화 캠페인에 돌입한 지 몇 년 뒤, 나 역시 화이트햇 해 커로 활동하며 같은 문제에 직면했다.

나는 보안 수준이 높은 한 건물의 전자 출입 시스템을 테스트 해달라는 의뢰를 받았다. 현장 물리 보안팀은 경비원들이 무장하 고 있었고, 총 든 자를 뚫고 감히 누가 들어오겠느냐며 건물의 철 통 보안을 자신했다. 하지만 내 임무는 그들의 자신감이 허상임을 입증하는 것이었다.

디지털 보안 시스템을 조금 조작하자 건물의 모든 전자 도어 가 연결된 네트워크에 침투할 수 있었다. 이 시스템은 네트워크 장 애 시 모든 문이 자동으로 열리도록 설계되어 있었다. 비상상황에 서 탈출로를 확보하기 위한 안전 장치였다. 간단한 해킹만으로 건 물의 거의 모든 출입문 상태를 조작할 수 있었다. 경비원들의 제어 판에는 모든 문이 열린 것으로 표시됐지만, 그들은 원인을 파악할 수 없었다. 무장 경비원 전원이 동원되어도 동시에 열린 수많은 문을 통제하기는 불가능했다. 보안팀이 건물의 물리적 접근 통제를 회복하려 분주히 움직이는 동안 현장은 혼돈에 빠졌다.

보안 책임자는 이 상황을 목격하고 이를 악물며 질문을 쏟아냈다. "건물 모든 문이 열렸다고요?"

"네." 난 해킹 성공에 따른 흥분을 억누르며 대답했다.

"그러니까 아무나, 정말 아무나 막 들어올 수 있다는 거죠?"

"네." 내가 다시 답했다.

그는 격분했다. 무슨 생각으로 이런 무책임한 행동을 했느냐며 호통을 쳤다. 하지만 한참 후 진정한 보안 책임자는 오히려 나를 불러 감사를 표했다. 자신들이 난공불락이라 여겼던 시스템의 치명적 결함을 발견했기 때문이었다.

이런 취약점을 찾아내려면 공격적 접근이 필수였다. 악의적 해커들도 내가 사용한 것과 같은 공격 기법을 활용할 것이며, 그들은 정중하게 병동을 돌며 출입문을 조작하지는 않을 것이다. 이처럼 공격적 접근을 통해 보안팀에게 정확한 취약점을 지적할 수 있었고, 결과적으로 건물의 방어 체계는 한층 강화되었다.

그런데도 기업과 개인은 여전히 방어적이고 사후 대응적 사고 방식에 머물러 있다. 보안에 투자한 비용만 믿고 취약점이 어떻게 악용될지는 상상조차 하지 않는다. 물론 이는 공격당하기 딱 좋은 환경이다.

비행기 탑승 과정을 예로 들어보자. 승객들이 단체로 탑승할 때 게이트 주변을 어슬렁거리다 가끔씩 탑승권에 찍힌 '5그룹'을 힐끗 보며 자기 차례가 되길 기다리는 광경 누구나 봤을 것이다. 항공사 직원은 사람들이 탑승권에 인쇄된 순서대로 탈 것으로 믿기에, 집에서 탑승권을 뽑을 때 약간의 그래픽 수정으로 '9그룹'을 '1그룹'으로 바꾸면 최우선 탑승이 가능해진다.

컨퍼런스나 엑스포에서도 같은 원리가 통한다. 색깔로 구분된 명찰에 따라 출입 수준을 다르게 매기곤 한다. 색상을 바꾸는 건 그래픽 실력이 대단히 필요치 않고, 직접 못 하겠으면 주변에 아는 이가 있을 것이다.

이런 사례들의 공통점은 주최 측이 자신들이 구축한 시스템을 맹신한 나머지 악용의 여지를 남긴다는 것이다. 앞서 언급했던 "신뢰하되 검증하라"는 격언을 떠올려보자. 공격은 대개 사람들이 믿기만 하고 확인하지 않는 허점을 파고든다.

사업과 커리어에서 공격성을 실행하는 법

지금까지 해커의 문제 해결 방식에 대해 무척 공격적으로 설명했다. 이런 태도는 모두 필요하고 좋은 일이지만, 내가 원하는 걸 얻으려면 항상 전투적이어야 한다는 의미는 아니다. 사실 상호 지원과 협력이 성공으로 이어지는 경우가 많으며, 이 또한 공격적 태도의 일부다. 몇 가지 예를 살펴보자.

직장에선 흔히 경쟁이 치열하다. 모두가 승진하거나 연봉을 올리진 못하기 때문이다. 의도와 무관하게 직장인으로서 동료들과 경쟁해야 하는 상황에 놓인다. 그러나 남을 깎아내리려 경쟁에 뛰어든다면 곧 지칠 게 뻔하다. 공격성은 이런 의미가 아니다. 강한 주장을 하되 따뜻한 태도로 동료들과 어울리며 거기서 없어선 안 될 존재가 되어야 성공 가능성이 더 높다.

문제가 터졌을 때 상사에게 "문제가 생겼는데 어쩌죠?"라는 식으로 보고하지 마라. 그 대신 "문제의 핵심은 이것이며, 해결책은 다음과 같습니다"라고 건의하라. 연봉 인상이나 승진을 바란다면 상사에게 직접 가서 자신이 이런 면에서 우월하니 받을 자격이 있다고 우기는 건 두 마리 토끼를 다 놓치는 길이다. 진정한 공격성이란 '시작부터' 연봉 인상이나 승진을 요청한 후, 그것이 개인뿐만 아니라 조직에도 어떠한 가치를 창출할 수 있는지 증명해 나가는 과정을 통해 발휘되어야 한다.

사업에서 성공하려면 고객이나 투자자와 대립하는 것이 아닌, 다른 차원의 공격성이 필요하다. 이는 고객 확보와 사업 성장을 위한 적극적인 노력을 의미한다. 일부 창업자들은 작은 규모로 시작해 벤처캐피털이나 엔젤 투자자의 등장을 수동적으로 기다린다. 뛰어난 아이디어가 있으니 투자자가 찾아오는 건 시간문제라고 믿지만, 이는 대개 시간 낭비로 끝난다.

반대로, 공격적인 사업가는 투자 유치를 위해 적극적으로 행동하면서 사업의 가치를 입증하고 투자금을 유치한다. 이들은 신규 고객을 찾아 적극 다가가고, 잠재 고객에게 약간의 무료 서비스를 제공해 관심을 끌어모은 뒤 추후 더 많은 유료 계약을 낳기도 한다. 기회는 그냥 굴러들어오는 법이 없으니 성공을 위해 마땅히 해야 할 일을 하는 게 중요하다.

내 경험이 이를 잘 보여준다. 해커 웨어하우스 구상 당시 "좋은 아이디어니 누군가 실행할 때까지 기다렸다 활용해야지"라고 하지 않았다. 시장의 미충족 수요를 발견했고, 이를 직접 해결하기로 결심했다. 사업을 주도적으로 시작했고, 성장에 필요한 모든 것을 적극적으로 실행했다. 이러한 공격적 접근이 사업의 성공으로 이어졌다.

사업에선 공격성이 혁신의 핵심이 되곤 한다. 좋은 사례가 스티브 잡스다. 2000년대 초 MP3의 편리함과 인터넷의 발달로 음악 불법 공유가 만연했다. 수백만 명이 냅스터, 라임와이어, 카자 같은 플랫폼에서 무료로, 음악을 불법 다운로드했다. 음악 업계는 파일 공유 사이트와 개별 이용자들을 고소하는 방어적이고 소극적인 전략을 택했다.

말할 것도 없이 그들의 노력은 수포로 돌아갔다. 한 플랫폼을 닫으면 또 다른 곳이 생겨났고, 음원을 받는 소비자가 너무 많아 모두를 잡아 가둘 순 없었다.

스티브 잡스는 공격적이되 적대적이진 않은 방식으로 해법을 제시했다. 수백만 명이 온라인에서 불법 음원을 받는 건 그들이 법을 우습게 여기는 범죄자여서가 아니라, 그게 음악을 소비하는

'가장 편한 방식'이었기 때문임을 간파했다. 포터블 MP3 플레이어가 대세로 떠오르던 시점이었다. (애플의 첫 아이팟이 2001년 출시됐으니 잡스는 이 사실을 누구보다 잘 알고 있었다.)

그러나 MP3 플레이어에 음악을 담는 유일한 합법적 수단은 CD를 사서 컴퓨터에 넣고 트랙을 추출해 MP3로 전환한 뒤 기기로 옮기는 것뿐이었다. 말 그대로 골치 아픈 과정이었다. 그 대신 소비자는 음원을 온라인에서 곧바로 다운로드하여 기기에 바로 넣을 수도 있었다.

지금 보면 해법이 너무나 자명해 보이지만 당시엔 음악 산업의 관행을 뒤흔드는 혁신적이고 '공격적인' 사고가 필요했다. 스티브 잡스는 음원 다운로더를 범죄자 취급하는 대신, 편리하고 합법적인 음악 내려받기 플랫폼을 제공하기로 했고 2003년 아이튠즈 뮤직 스토어를 탄생시켰다. 그 후 다운로드나 스포티파이 같은 스트리밍 서비스로 디지털 음원 유통이 보편화하며 음악 업계의 판도가 완전히 바뀌었다.

이 모든 사례는 내가 좋아하는 고대 라틴어 격언, "운은 용감한 자의 편"(fortis fortuna adiuvat, 포르티스 포르투나 아디우바트)이라는 말로 요약된다. 단순히 운이 따라주기를 기다리는 것은 성공을 위한 좋은 전략이 아니며, 성공한 사람들은 스스로 운을 만들어 나간다.

위기를 기회로 바꾸는 공격적 마인드셋

여러모로 공격성의 원칙을 가장 필요로 하는 순간은 바로 공격을 당할 때다. 본능적으로 수비 태세를 취하고 싶겠지만, 대개 이런 국면이야말로 공격적으로 나서서 승기를 잡을 절호의 기회다. 스포츠에서 좋은 예를 찾아볼 수 있다. 농구 경기를 보자.

상대 팀이 코트 끝에서 끊임없이 골대를 향해 슛을 쏟아붓고 있고, 우리 팀은 필사적으로 이를 막아내고 있다. 상대의 득점을 저지하기 위해 할 수 있는 일은 거의 없다. 그러나 공격적인 움직임 몇 번이면 순식간에 공은 코트 반대편으로 넘어가고, 몇 초 전까지만 해도 공격에 나섰던 상대 선수들은 자취를 감춘다. 역습은 흔히 승리로 가는 지름길이며, 본능적으론 수비 자세를 취해야 할 때조차 공격성을 잃지 않는 데서 기회를 잡을 수 있다.

공격적인 상황에서 펼치는 역습의 효과는 실로 놀랍다. 2017년 북한이 지원하는 해커 집단 '라자루스 그룹'은 워너크라이라는 랜섬웨어 공격을 일으켜 전 세계 주요 기업과 기관을 마비시켰다. 이 공격은 사상 최대 규모의 파괴적인 사이버 보안 사태 중 하나로 국제 뉴스 헤드라인을 장식했다. 모두가 공격에서 자신을 지킬 방법을 모색하느라 분주했다.

하지만 마커스 허친스는 예외였다. 영국 남부 해안의 조용한 마을에 사는 젊은 해커 허친스는 워너크라이가 세계적 뉴스거리가 되자 자연스레 관심을 가졌다. 그는 방어 방법보다는 바이러스 자체를 분석하기 시작했다.

워너크라이 코드를 파헤치던 중 이상한 웹 주소를 가리키는 특이한 부분을 포착했다. 바이러스는 시스템 감염에 앞서 그 웹사이트 접속을 시도하는데, 웹 사이트를 찾으면 작동을 멈추고 찾지 못하면 컴퓨터를 감염시키는 식이었다(이런 방식은 일종의 킬 스위치[kill switch]로 볼 수 있다. 바이러스 제작자가 필요시 바이러스 확산을 멈출 수 있도록 만들어둔 장치인 셈이다—옮긴이). 허친스는 이 웹사이트의 소유자를 찾으면 공격의 배후에 근접할 수 있으리라 생각했다.

그러나 해당 웹 주소는 미등록 상태였다. 허친스는 10달러도 안 되는 비용으로 이 주소를 직접 등록했고, 그 결과는 극적이었다. 이후 바이러스가 웹 주소를 확인할 때마다 사이트가 존재함을 인식하고 작동을 멈춘 것이다. 이로써 랜섬웨어의 추가 확산이 차단되었다.

허치인스는 사실상 워너크라이를 봉쇄했다. 시스템 방어 방법을 고민하기보다 바이러스 자체에 맞서 싸웠기에 거둘 수 있던 성과였다.

공격적 사고는 컴퓨터 해킹 세계에 국한되지 않는다. 비즈니스 맥락에서 경기 침체를 떠올려보라. 돈의 흐름이 줄어들고, 사람들의 지출이 감소하며, 전반적으로 기업들은 어려움에 직면해 매출이 하락한다. 사업주로서 당신은 이런 역경 속에서 어떻게 버텨낼지 고민하게 된다. 그럼 어떻게 해야 할까?

비용을 줄일 만한 분야를 찾아볼 것이다. 마케팅은 직접적 생산성과 무관해 보이고 다소 사치스러운 느낌이 들어 지출을 줄이는 것이 당연한 선택이 된다. 호시절 같으면 경쟁사를 압박하고 인지도를 높이고 싶겠지만, 비용 상승과 수익 감소에 직면한 상황에서 계속 사치를 부리기란 쉽지 않다.

하지만 잘못 짚었다! 경제적 어려움에 직면한 기업들은 대개 이러한 시기에 마케팅 예산을 삭감하지만, 실제로는 마케팅에 두 배의 노력을 기울여야 할 시점이다. 1980년대 초 불황기 기업들을 조사한 한 연구에 따르면 공격적 마케팅 전략을 유지한 기업은 마케팅을 축소한 기업에 비해 같은 기간 매출이 250% 이상 뛰었다. 요컨대, 어려운 시기에도 공격적인 자세를 유지한 기업이 승리했는데, 이는 많은 경쟁자가 방어적인 자세를 취했기 때문이다.

공격적인 자세는 해커 마인드셋에서 중요한 원칙으로, 항상 의미 있는 결과를 낳는다. 규칙을 넘어서는 사고방식, 적극적인 접근 그리고 역경에 직면했을 때 공격적인 태도를 유지하는 것은 성공으로 가는 확실한 길이다.

5
역추적 사고:
목표에서 현재로 거꾸로 생각하기

영화 《매트릭스》의 마지막 장면, 네오가 자신이 '더 원'임을 깨닫고 매트릭스의 소스 코드를 볼 수 있게 되는 그 순간은 해커의 업무를 상징적으로 표현한 대표적인 장면 중 하나로 손꼽힌다. 네오가 소스 코드를 보고 누군가가 매트릭스를 악용할 수 있다는 걸 알아챈 것처럼, 해커는 항상 시스템을 살펴보고 그 근간이 되는 원리를 파악하려 한다. 어떻게 작동하는지, 또 어떻게 악용할 수 있을지 말이다. 이번 장에서는 리버스 엔지니어링 과정을 자세히 살펴보고, 여러 상황에서 어떻게 적용되는지 알아보겠다. 비즈니스 모델, 성공한 사람들의 습관, 심지어 자연의 프로세스까지도 리버스 엔지니어링의 대상이 될 수 있다.

단순 모방이 아닌 역발상 기술

사물의 작동 방식을 파악하려는 욕구는 인류의 역사만큼이나 유구하다. 역사를 통틀어 사람들은 자연 현상이든 인공 시스템이든 근본 원리를 발견하기 위해 연구해왔다. 이것이 바로 기술의 발전, 복잡한 사회 진화 등 인류 발전의 원동력이 되었다. 거창하게 들리겠지만 사실 이런 욕망은 우리 모두의 내면에 있다. 이를 올바르게 발현하면 정상에 오르는 길을 배울 수 있다. 어떤 것의 작동 방식을 이해하는 첫걸음은 그것의 구성 요소와 결합 원리를 파악하는 것에서 시작된다.

오늘날엔 문자 그대로 리버스 엔지니어링 사례가 많다. 중국은 독특한 지식재산권법을 갖고 있는데, 오랫동안 다른 나라에서 개발된 기계와 기기를 분석하고 모방하려고 노력해왔다. 30년 전까지만 해도 중국산 제품은 주로 저가 모조품에 그쳤으나, 현재는 그들의 기술력이 놀라울 만큼 정교한 수준으로 발전했다. 모방 기술도 인상적일뿐더러 이제 중국 개발자들이 새롭고 혁신적인 제품 생산을 주도하고 있다. 리버스 엔지니어링 원칙을 고수하고 이를 극한까지 밀고 간 중국은 세계 최대 경제 대국으로 부상하려고 기회를 노리고 있다.

기업 세계에서도 리버스 엔지니어링은 매우 역동적인 분야다. 기업들은 경쟁사를 모방하거나 대항하기 위해 상대방이 무엇을 하는지 정확히 파악하려고 끊임없이 애쓴다. 오늘날 거의 모든 컴퓨터는 창, 아이콘, 메뉴, 포인터라는 보편화된 네 요소를 통해 사용자가 프로그램과 상호작용하는 그래픽 사용자 인터페이스GUI를 사용한다. 그 전엔 명령 프롬프트에 명령어를 입력하는 게 주된 방식이었다. 흥미롭게도 이런 유형의 GUI는 원래 첨단 컴퓨터 기술과는 관련이 없었던 제록스에서 개발했다. 하지만 GUI가 출시되자마자 애플, 마이크로소프트 등이 이 작동 방식을 리버스 엔지니어링해서 우리에게 익숙한 맥과 윈도우즈 운영체제를 탄생시켰다. 몇 년 후 열다섯 살의 마이클 델은 인생 첫 컴퓨터인 애플 II를 선물 받았는데, 그는 즉시 이를 분해해 작동 원리를 연구한 후 얼마 지나지 않아 자신의 컴퓨터 회사를 세워 델 PC를 세상에 선보인다.

다양한 기업들이 시장에서 경쟁 우위를 점하기 위해 독특한 역발상을 시도한다. KFC의 11가지 허브와 향신료 비밀 배합법, 100년이 넘도록 제조법을 철저히 비밀로 유지해온 코카콜라와 같은 사례는 수많은 모방자에게 영감을 주었고, 그들은 지금도 이 브랜드들의 독특한 맛을 정확히 재현하기 위해 끊임없이 노력하고 있다. 이처럼 성공한 이의 방식을 분석하고 따라 하는 것이 자신의 성공으로 가는 효과적인 지름길이 될 수 있으며, 이러한 전략은 대부분 긍정적인 결과로 이어진다.

하지만 리버스 엔지니어링은 단순한 모방을 넘어선다. 제인 만춘 웡Jane Manchun Wong의 사례가 이를 잘 보여준다. 그녀는 새로 출시된 프로그램과 앱 코드를 분석해 향후 업데이트로 구현될 법한 잠재 기능을 발견하는 데 주력한다. 이를 통해 우버, 에어비앤비, 인스타그램, 벤모(Venmo, 스마트폰 사용자들이 서로 간에 송금할 수 있는 모바일 결제 서비스로, 현재는 페이팔의 자회사로 운영되고 있다―옮긴이) 등 주요 플랫폼의 발전 방향을 정확히 예측해 해당 기업이 공식 발표하기 몇 달 전에 미리 트위터에 올리기도 했다.

또 다른 사례로 게이머에게 유리하도록 비디오 게임을 리버스 엔지니어링하는 방식이 있다. 일부 시스템은 '해킹'을 통해 불법 복제 방지 기능을 우회하여 복제본 플레이를 가능하게 한다. 이는 불법이지만 리버스 엔지니어링의 적용 가능성을 보여주는 사례다.

게임 지니(Game Genie, 게임 카트리지와 게임기 사이에 연결하는 장치로, 게임 코드를 리버스 엔지니어링하여 플레이어가 무적, 무한 목숨, 레벨 스킵 등 게임 개발자가 의도하지 않은 능력을 사용할 수 있게 해주는 도구―옮긴이) 같은 치트 장치는 불법은 아니지만, 리버스 엔지니어링을 기반으로 개발 및 판매되고 있다. 이런 경우 개발자는 게임 코드를 리버스 엔지니어링해서 게임 설계 의도와 다른 능력을 플레이어에게 부여하기 위해 어떤 코드를 적용해야 할지 정확히 파악할 수 있다. 그 결과 다른 회사 게임을 기반으로 판매되는 수익성 높은 제품이 탄생한다.

이처럼 리버스 엔지니어링은 산업 전반에 걸쳐 경쟁 우위를 확보하기 위한 핵심 도구로 활용되고 있다.

시스템 분석의 3요소: 사람, 프로세스, 기술

해커들은 시스템을 분석할 때, 사람People, 프로세스Process, 기술Technology이라는 세 가지 핵심 구성 요소로 구분하여 접근한다(약칭 PPT). 시스템마다 이 요소들을 활용하는 방식과 정도에 차이가 있으며, 각각의 렌즈로 시스템을 들여다보면서 해커는 어떤 취약점이 있고 이를 통해 어떻게 공격받을 수 있는지에 대한 통찰을 얻는다. 이러한 분석 방식은 컴퓨터 해킹뿐만 아니라 다른 분야에도 적용될 수 있다.

우버는 비즈니스에서 PPT 리버스 엔지니어링이 어떻게 적용되는지 보여주는 좋은 사례다. 우버 개발자들은 당시 주류였던 택시 서비스 모델을 분석한 결과, PPT 중 사람 측면에 지나치게 의존해 프로세스와 기술 면에서는 취약하다는 점을 발견했다. 그들은 이러한 취약점을 안고 있는 기존 택시 회사들과의 경쟁에서 승리할 확률이 높고 시장 선두를 차지하기에도 용이하다고 판단했다. 그래서 우버는 기술과 프로세스에 주력하고 사람이라는 요소를 대폭 배제한 택시 회사로 자리매김했고 큰 호응을 얻었다.

하지만 이는 논란도 불러왔다. 실제로 지난 몇 년간 우버는 기사들의 고용 형태를 둘러싼 여러 법적 소송에 휘말려왔다. 이제 누군가 우버 모델을 리버스 엔지니어링해 기술, 프로세스 혁신을 주도하면서 '사람' 요소에서 경쟁할 때가 된 게 아닐까 싶다.

경력 개발에 있어서도 PPT 렌즈를 통한 리버스 엔지니어링이 성공의 지름길이 될 수 있다. 입사 지원을 한다고 가정하자. 채용 담당자 입장에서 생각해보면, 이력서와 자기소개서를 검토하고 면접 대상자를 선정하는 등의 프로세스가 있다. 요즘 많은 회사에서는 이력서의 핵심 단어와 문구를 분석해 조건에 맞지 않는 서류를 자동으로 걸러내는 AI 시스템을 활용한다. 따라서 채용에 사용되는 기술과 프로세스를 분석하면 자신의 이력서가 면접 후보 명단 최상단에 오르도록 맞춤화할 수 있다. 그리고 인적 요소도 고려해야 한다. 면접 기회를 잡았다면 면접관에 대해 상세히 알아둔다. 그 사람의 직책은 무엇이고 어떤 일을 하는지, 무엇을 좋아하는지 등을 파악하는 것이다. 면접관은 회사 웹사이트에 링크드인(LinkedIn, 전 세계 전문가들의 인맥 형성과 경력 관리를 돕는 소셜 네트워크 플랫폼—옮긴이) 페이지나 프로필을 갖고 있을 가능성이 높다. 사전에 조사해두면 회사나 면접관에 대해 익숙한 사람처럼 보일 수 있다.

개인 재정 분야에서도 PPT 리버스 엔지니어링은 성공으로 향하는 길을 해킹하는 데 매우 유용하다. 기술 측면에서는 핀테크와 시장 동향 분석 알고리즘에 대해, 사람 측면에서는 투자자의 돈을 관리하여 수익을 내는 주식 중개인과 펀드 매니저들이 있다. 그러나 이러한 요소들이 반드시 이익을 보장하는 것은 아니다.

특히 주목할 부분은 프로세스다. 개인 재정에서 프로세스란 체계적인 자금 관리와 계산을 의미한다. 대부분의 사람들은 단순히 수입과 지출을 관리하고 여유가 있을 때 저축하는 정도에 그

친다.

'미스터 머니 머스타치Mr. Money Mustache'로 알려진 피트 아데니 Pete Adeney는 30대에 은퇴한 조기 은퇴 운동가다. 그는 많은 동료들이 미래를 고려하지 않고 수입을 소비하는 것을 보며 문제의식을 느꼈다. 그래서 면밀한 계산에 착수했다. 투자 옵션을 분석한 결과, 안전성 높은 인덱스펀드와 부동산 임대로 연 5%의 안정적 수익을 올릴 수 있다는 결론을 얻었다. 이를 바탕으로 투자 비율에 따른 은퇴 시기를 그래프로 도출했다.

수입의 5%를 투자하면 66년 후에야 은퇴할 수 있어 도움이 안 됐고, 75%를 투자하면 7년 내 은퇴할 수 있었지만 현실성이 없었다. 그러나 절약하며 수입의 50%를 투자하면 17년, 즉 30대에 은퇴할 수 있다는 결론을 20대 초반에 내릴 수 있었다. 그는 돈 관리 프로세스를 리버스 엔지니어링함으로써 재정적 자유의 길을 찾아냈다. 자세한 내용은 13장에서 다루겠다.

적의 눈을 통해 보면 많은 것이 보인다

사이버 보안 요원의 핵심 역할 중 하나는 상대방의 관점에서 시스템을 살펴보는 것이다. 화이트햇 해커는 블랙햇 해커의 침투 경로를 차단하기 위해 그들의 사고방식을 파악해야 한다. 반대로 블랙햇 해커는 사이버 보안 요원이 취약점을 찾기 위해 어떻게 시스템을 분석할지 고민한다. 적의 시선으로 바라보는 것은 항상 우위를 점하는 지름길이다.

뉴잉글랜드 패트리어츠의 빌 벨리칙 감독은 이런 접근법의 대가로 유명하다. 그는 초창기부터 상대 팀의 경기 영상을 연구하고 그들의 경기 스타일을 파악해 대응 전략을 세웠다. 이러한 방식은 큰 성과를 거두며 그를 NFL 최고의 명장 반열에 올려놓았다. 1980년대에 코치 생활을 시작한 이래로 축구 기록에 대한 접근성은 크게 향상되었지만, 그는 여전히 영상 분석을 게을리하지 않는다. 최근 인터뷰에서 그는 "모든 각도, TV 중계, 플레이 분석 방법 등을 총동원한다"라고 말했다. 상대방 입장에서 사물을 바라보는 능력과 집요함이 그의 코칭 역량의 핵심이다.

이런 사고방식의 또 다른 적용 사례를 내 어린 시절 경험에서 찾을 수 있다. 당시 내가 즐겼던 매직 스네이크 퍼즐은 연결된 조각들을 맞춰 정육면체를 만드는 게임이었다. 각 퍼즐마다 큐브를 완성하는 유일한 방법이 있었고, 게임의 목표는 그 해법을 찾아내는 것이었다. 퍼즐은 난이도별로 구성돼 있어서 쉬운 것부터 어려운 것 순서로 풀어나가는 식이었다. 나 역시 그 순서를 따랐는데, 고난도 퍼즐은 확실히 까다로웠다.

그러다 문득 디자이너의 입장에서 생각해보았다. '내가 퍼즐을 만든다면 어떻게 하면 더 어렵게 만들 수 있을까?' 플레이어들은 쉬운 퍼즐부터 시작해 점차 어려운 단계로 나아가며, 하위 레벨의 경험을 바탕으로 상위 레벨에 도전하기 마련이다. 따라서 디자이

너가 진정 어려운 퍼즐을 만들고 싶다면, 이러한 학습 패턴을 예상하고 초급 퍼즐과는 전혀 다른 해법을 설계했을 것이다. 이런 통찰을 바탕으로 고난도 퍼즐에 접근하자 쉽게 해결할 수 있었다.

빌 벨리칙과 매직 스네이크 퍼즐의 공통점은 바로 상대방의 관점에서 사고하는 것이었다. 다른 이들의 행동 양식을 간파하면 이를 뛰어넘어 정상에 우뚝 설 수 있는 해법을 발견할 수 있다.

이처럼 상대방의 시각으로 대상을 관찰하고 이를 실제 행동으로 옮기는 것을 '에뮬레이션emulation'이라 한다. 화이트햇 해커들은 악의적 해커의 입장이 되어 동일한 방식으로 네트워크 침투를 시도하는데, 이를 '적 에뮬레이션'이라 부른다. 이는 시스템의 취약점을 발견하는 핵심 과정이다.

사이버 보안에서 가장 큰 승부는 주로 국가 간에 벌어지는데, 이른바 '지능형 지속 위협advanced persistent threat', 즉 APT로 불리는 가장 위험천만한 해킹 작전 상당수가 국가 지원을 받는 해커 집단에 의해 자행된다. 일례로 APT3는 중국의 지원을 받는 해커로 추정되는 조직으로, 미국과 홍콩을 겨냥한 전력이 있다. 러시아, 북한 등이 배후인 다른 APT 사례도 있다.

적 에뮬레이션은 이런 공격을 방어하는 데 필수다. 사이버 보안 요원은 공격의 모든 디테일을 분석해 공격 과정을 분해하고 재현함으로써 정확히 어떻게 침해가 발생했는지 파악한다. 이는 향후 유사 공격 발생 시 화이트햇 해커가 무엇을 예상하고 대비해야 할지 알려준다.

비즈니스 분야는 경쟁사 모방 사례로 가득하다. 이는 나쁜 전략이 아니다. 탁월한 성과를 내는 기업이 있다면 그 노하우를 배우는 것 또한 성공으로 가는 지름길이다. 다만 겉으로 보이는 것과 달리 숨겨진 성공 비결이 있을 수 있으니 주의가 필요하다. 이럴 때일수록 해커 수준의 리버스 엔지니어링이 요구된다. 시스템을 깊이 분석할수록 에뮬레이션 성공 가능성은 높아진다.

시스템의 허점을 파고들어라

시스템을 분석하는 것 자체로도 문제 해결에 큰 도움이 되지만, 그 지식을 활용해 시스템을 예상치 못한 방향으로 이끌 때 가장 강력한 위력을 발휘한다. 이는 시스템을 정상 범주 밖으로 밀어내 "외부 바운드 상태"(outer-bound condition, 시스템이 예상치 못한 입력값으로 인해 정상 범주를 벗어난 예외적인 상황—옮긴이)로 만드는 것이다. 시스템 작동 방식을 꿰뚫어본 뒤 다양한 변수를 시험해보려고 그렇게 하는데, 때론 예기치 못한 성과로 이어지기도 한다.

단적인 예로 전자상거래 웹사이트를 들 수 있다. 사이트에는 각종 상품의 가격이 명시돼 있고, 시스템은 그 가격이 모두 양수일 것이라 가정하고 설계된다. 그렇다면 상품 가격을 음수로 조작하면 어떻게 될까? 웹사이트가 사용자에게 금액을 돌려주게 될까? 시스템이 얼마나 정교하게 구축됐느냐에 따라 다르겠지만, 이처럼 예상외의 상황에서 시스템이 어떻게 반응하는지 관찰하는 것이 매개변수 변조의 핵심이다. 이 과정에서 새로운 기회를 포착하는 경우가 많다.

비디오 게임 스피드 러너들이 이런 접근법을 활용하는 것도 흔히 볼 수 있다. 플레이어가 개발자의 의도와 다르게 행동해 버그를 유발하고, 이를 이용해 게임을 더 빨리 끝내는 것이다.

매개변수 변조는 컴퓨터 시스템에만 국한되지 않는다. 야구선수이자 감독인 빌리 빈Billy Beane의 사례를 보자. 그는 경기 자체를 리버스 엔지니어링하여 우위를 확보하고자 했다.

야구 시스템은 기본적으로 타자들이 공을 세게, 멀리 치도록 설계되어 있다. 홈런은 이러한 플레이에 대한 최고의 보상이므로 많이 칠수록 득점에 유리하다. 하지만 홈런을 치기는 매우 어렵다. 빌리 빈은 이 점을 파고들어, 홈런에 집착하는 대신 기본기가 탄탄한 선수들로 팀을 구성했다. 화려한 홈런은 줄었지만, 달성하기 수월한 안타를 꾸준히 쌓아 득점을 올림으로써 다른 팀들보다 우수한 성적을 거둘 수 있었다.

매개변수 변조 관점에서 보면 빌리 빈은 해커의 사고방식을 취한 것이다. 야구의 규칙과 변수를 모두 이해한 뒤 뜻밖의 각도에서 접근했고, 이것이 성공의 핵심 동력이 됐다.

군 생활 중인 사관생도들에 관한 재미있는 일화도 있다. 생도들에겐 막사 안에 주류를 보관하지 말라는 철칙이 있었다. 막사 경계선은 생활관에서 수 킬로미터나 떨어져 있어 술 반입은 원천 봉

쇄되는 셈이었다. 그런데 막사가 해변가에 위치한 탓에, 경계선이 해안선과 일치하는 바람에 바로 앞 바다는 막사 부지에 포함되지 않는다는 사실을 어떤 생도가 발견했다. 이에 몇몇 생도들은 맥주 상자를 바닷가로 가져가 물에 띄운 채 기둥에 묶어 두고는 마음껏 꺼내 마셨다. "막사 내 주류 보관 금지" 조항 때문에 사병들은 이들을 처벌조차 할 수 없었다. 법 조항은 준수하면서도 예상치 못한 방식으로 법의 취지를 교묘히 우회한 것이다.

이것이 바로 매개변수 변조가 지향하는 바다. 시스템의 입력과 출력을 분석하고, 그 틈새를 파고들어 승리를 거머쥐는 것이다.

나를 위한 시스템 만들기

이 장 전체에서 나는 시스템 극복을 위한 도구로 리버스 엔지니어링에 대해 이야기했다. 다소 공격적인 톤이었지만, 이는 "해커 원칙 1: 공격적 태도_수동적 삶에서 벗어나기"를 실천하기 위함이다. 시스템이나 사람을 상대로 일하거나 경쟁할 때, 리버스 엔지니어링에 대한 전투적인 자세가 언제나 최선의 방책이다.

리버스 엔지니어링은 시스템이 자신에게 유리하게 작동할 수 있는 때와 어떤 식으로든 뛰어넘어야 할 때를 가려내는 데 도움이 된다. 어느 경우든 핵심은 시스템의 작동 원리를 파악하고 최대한 신속하고 효율적으로 목표에 도달하는 것이다. 시스템을 대체하기 위해 지식을 활용해야 한다면 망설이지 말고, 목표 달성을 위해 시스템 내에서 일하는 게 최선이라고 여긴다면 그 길을 가는 것도 좋다. 가장 중요한 것은 목표 달성이며, 시스템을 분석하면 그 목표를 성취할 수 있는 최고의 수단을 손에 넣게 된다.

6

리소스 해킹:
무에서 유를 창조하는 법

컴퓨터 해킹계에는 몇 명의 유명 인사가 있다. 그중 하나가 가이 포크스 가면을 쓰고 활동하는 해커 그룹 '어나니머스Anonymous'를 들 수 있다. 지난 10여 년간 악명을 떨친 또 다른 해커 그룹은 '라자루스'인데, 북한 정권의 지령을 수행하는 국가 지원 조직이다. 2014년 이들은 김정은 암살을 소재로 한 세스 로건 주연의 영화 《인터뷰》를 둘러싸고 소니 픽처스를 대대적으로 공격했다. 이 공격으로 소니의 IT 시스템이 마비됐고 해커들은 매우 비밀스럽고 민감한 정보에 접근할 수 있게 됐다. 결국 소니는 영화의 극장 개봉을 취소했고, 버락 오바마 대통령은 성명을 통해 이 사태의 배후로 북한 정권을 지목했다.

오바마 대통령은 어떻게 북한의 소행임을 알아냈을까? 간단히 말해 FBI의 수사 결과였다. FBI의 사이버 보안 전문가들이 소니 공격에 사용된 코드의 일부가 과거 북한 연계 공격에서도 발견되었음을 확인한 것이다. 한 연사는 이를 설명하며 "컴퓨터 해커들은 다소 게으른 탓에 같은 것을 여러 번 새로 만들지 않습니다. 효과가 검증된 코드는 재활용하죠"라고 말했다. 그 말에 나는 절로 미소 지었다. 이것이야말로 해커의 본질이며, 내가 세 번째 해커 원칙을 통해 전하고자 하는 바이기 때문이다. 이미 완벽하게 괜찮은 바퀴가 있다면 해커는 결코 새로운 바퀴를 발명하지 않는다("바퀴를 재발명하지 마라"[Don't reinvent the wheel]는 영어 관용구에서 나온 표현으로, 잘 알려지고 효과가 있는 방법이 있다면 처음부터 새로 만들 필요가 없다는 뜻이다—옮긴이).

해커는 본질적으로 실용주의자다. 최소한의 노력으로 최대의 성과를 추구하기 때문이다. 새로운 프로젝트를 시작할 때 많은 사람들은 본능적으로 모든 것을 처음부터 새로 만들려 한다. 새 프로젝트에는 새로운 도구가 필요하다고 생각해서다. 하지만 해커들은 이런 접근이 낭비임을 안다. 기존의 것을 활용하는 것이 가장 효율적인 방법이다. 가구를 조립할 때 드라이버가 있다면 굳이 새것을 살 필요가 없는 것처럼, 이전 프로젝트에서 개발한 유용한 도구는 다음에도 재활용할 수 있다.

이런 정신을 함축하는 흔한 표현이 있다. 바로 "거인의 어깨 위에 서라"는 말이다. 고대 로마 신화에서 거인의 어깨 위에 선 난쟁

이는 하늘에 손이 닿는다는 말이 있다. 해커가 바로 그런 존재다. 해커는 자기가 동원할 수 있는 모든 자원, 때로는 과거 다른 해커가 개발한 자원을 이용해 그 쓰임새를 자신의 목적에 맞게 바꾼다.

시스템 내부 자원을 활용하는 방법

물론 예전에 사용했던 도구를 재활용하는 것만이 능사는 아니다. 사실 해커는 공격 대상 시스템 내부에 '이미 존재하는 자원'을 이용하는 경우가 많다. 일반적으로 컴퓨터 해커가 시스템에 침입하면 기밀 데이터를 유출하거나 추가 소프트웨어를 설치하는 등의 행위를 시도한다. 해커의 목적이 무엇이든 그걸 이루려면 일정 수준의 코드 실행이 필요하다. 그러나 많은 기업의 전산망에는 엔드포인트 탐지와 백신 시스템이 갖춰져 있어서 생소한 코드는 모두 의심스럽거나 악성으로 간주해 실행을 막아버린다.

이때 해커는 원하는 작업을 수행하기 위해 시스템에 이미 존재하는 바이너리 코드를 활용한다. 시스템이 이미 신뢰하고 있으며 백신 프로그램도 차단하지 않는 그 코드를 활용함으로써 해커는 자신의 목적을 이룰 수 있다. 해커들은 이를 "롤바스"(LOLBAS, Living Off the Land Binary and Scripts)라고 부른다(한글로는 "기생 바이너리 및 스크립트" 정도로 이해할 수 있는데, 이 기법을 사용하면 해커는 악성코드를 설치할 필요 없이 시스템 내에서 위협적인 활동을 할 수 있다—옮긴이).

이러한 접근 방식이 다소 복잡하게 느껴질 수 있다. 좀 더 구체적인 사례를 통해 시스템 내 자원을 활용하면 어떻게 소기의 성과를 거둘 수 있는지 살펴보자. 이 책 첫머리에서 나는 커트 그루츠마허Kurt Grutzmacher와 함께 맥월드 2007을 어떻게 해킹했는지 얘기했다. 해킹이 나에게 어떤 기회를 안겨 주었는지 잘 보여주는 일화지만, 정확히 어떻게 시스템을 뚫었는지 궁금했을 것이다. 사실 이는 주로 롤바스 원칙을 적용한 결과였다.

맥월드 웹사이트는 쿠폰 코드 시스템을 통해 사용자에게 다양한 종류의 입장권을 제공했다. 대부분의 전자상거래 사이트에서 쿠폰 코드 입력란을 본 적이 있을 것이다. 보통 결제 페이지로 넘어가면 할인 코드를 입력하라는 창이 뜨고, 코드가 유효하면 할인이나 특전을 받을 수 있다. '15OFF' 같은 일반적인 코드를 넣었는데 실제로도 통하고 가격 할인이 된 경험, 한두 번쯤은 있을 것이다. 맥월드도 비슷한 시스템을 운영했는데, 특히 언론사 관계자들은 애플이 제공한 코드를 입력하면 1,700달러의 입장료를 면제받을 수 있었다.

여기까지는 괜찮아 보인다. 'PRESSPASS1' 같은 뻔한 코드를 쓰는 것도 아니고, 사용자가 가능한 모든 문자와 숫자 조합을 하나씩 시도하다 보면 웹사이트도 눈치채고 막을 테니 정확한 코드를 알아내는 데는 시간이 걸릴 터였다. 시스템 입장에서는 꽤나 안전한 방식처럼 보였다. 하지만 알고 보니 이 방법에는 허점이 있었고, 결국 그 허점은 처리 과정을 간소화하려다 생긴 것이었다.

일반적으로 코드 검증은 서버에서 이루어져야 한다. 사용자가 입력한 코드를 서버로 전송하여 확인한 후 결과를 다시 보내는 것이 안전하다. 하지만 웹 개발자는 서버 부하를 줄이고자 이 과정을 생략하고 사용자 PC에서 직접 검증하도록 했다. 이를 위해서는 유효한 코드가 웹페이지 소스 코드에 저장되어 있어야 했다.

우리도 처음에는 이를 알지 못했다. 하지만 해커 특유의 호기심으로 웹페이지 소스 코드를 살펴보다가 유효한 코드 목록을 발견했을 때의 기쁨은 말로 표현하기 어려웠다. 코드는 암호화되어 있었지만 해독은 어렵지 않았다. 몇 분 만에 전체 유효 코드 리스트를 확보할 수 있었고, 이후로는 각 코드가 어떤 입장권을 부여하는지 확인하기만 하면 됐다. 컨퍼런스 패스? 슈퍼 패스? 우리의 목표는 최고 등급의 접근 권한을 제공하는 플래티넘 패스였다. 여러 시도 끝에 마침내 플래티넘 패스 코드를 찾아냈고, 그 이후의 이야기는 이미 알려진 바와 같다.

맥월드 해킹의 핵심은 웹사이트 자체가 무엇을 제공하는지 파악하고 그걸 어떻게 이용할 수 있을지 알아내는 거였다. 이것이 바로 시스템 내부의 자원을 이용하는 것이며, 당연히 이 원칙은 컴퓨터 해킹에만 한정되지 않는다. 일상에서 이 원칙을 적용할 만한 예는 셀 수 없이 많다. 그중 몇 가지만 짚어보겠다.

많은 이들이 특정 주제를 조사하거나 책을 찾을 때 도서관을 활용한다. 특히 인터넷이 본격적으로 발달하기 전, 위키백과가 등장하기 전에는 더욱 그랬다. 내가 어릴 적 학교 숙제를 하려면 으레 지역 도서관을 찾곤 했다. 도서관이 훌륭한 자원이라는 건 의심할 여지가 없다. 그러나 많은 이가 간과하는 또 다른 자원이 있으니, 바로 사서다. 특정 주제의 책을 찾는다면 원하는 책이 나올 때까지 서가를 샅샅이 뒤져도 되고, 아니면 사서에게 물어볼 수도 있다. 대개는 사서가 관련 도서를 바로 안내해줄뿐더러 다른 유용한 제안까지 해줄 것이다.

또 다른 사례로 TSA 케어스Cares를 들 수 있다. 공항을 이용해본 적이 있다면 보안 검색대를 통과하는 절차에 익숙할 것이다. 이 모든 과정은 교통안전국TSA에서 관장하는데, 대부분은 다소 시간이 걸리고 불편하더라도 그냥 통과하는 데 익숙하다. 그러나 많은 사람이 잘 모르고 있는 사실은, TSA에는 'TSA 케어'라는 프로그램이 마련되어 있어 특별한 도움이 필요한 승객에게 보안 검색 과정에서 추가 지원을 제공한다는 점이다. 물론 모든 승객에게 자격이 주어지는 건 아니지만 그 존재조차 모르는 사람이 많다. 무료로 이용할 수 있고 활용할 수 있는 또 하나의 자원인 셈이다.

마지막으로, 어떤 회사에 입사 지원을 하면서 그 조직 구성에 대해 더 자세히 알고 싶다고 해보자. 공공기관이라면 웹사이트에 직원 명단과 함께 다양한 직책, 급여 정보 등이 공개돼 있을 것이다. 온라인 채용 정보를 올리는 민간 기업도 적지 않다. 조금만 찬찬히 읽어보면 인적 자원 측면에서 조직이 어떻게 이뤄져 있는지 파악할 수 있고, 입사 지원 과정에서 그 정보를 십분 활용할 수 있다.

자원의 재발견:
주변의 모든 것을 성장의 기회로 바꾸는 법

자급자족은 단순히 시스템 내부 자원만으로는 불가능하다. 시스템 외부의 환경과 생태계에서도 자원을 찾아야 한다. 앞서 언급했듯 이 원칙의 핵심은 어디서든 쉽게 구할 수 있는 자원을 활용하는 것이다.

컴퓨터 해킹 분야에서 이는 "신뢰할 만한 사이트를 이용한 생존"이라는 형태로 나타난다. 해커들은 대중에게 잘 알려진 웹사이트의 하위 도메인을 이용해 악성 콘텐츠가 포함된 링크를 신뢰하도록 유도한다. 구글 독스나 드롭박스처럼 익숙하고 의심받지 않는 플랫폼이 악용될 수 있는 것이다.

더 넓게 보면 인터넷에는 누구나 무료로 이용 가능한 자원이 차고 넘친다. 일례로 소프트웨어 개발 사이트 깃허브GitHub에는 오픈소스 소프트웨어 프로젝트가 가득하고, 누구나 이 사이트의 소스 코드를 가져다 쓸 수 있다. 이런 리소스는 소프트웨어 개발에만 국한되지 않는다. 깃허브의 '추천 자료 목록Awesome Lists'은 비디오 게임 같은 다소 가벼운 주제부터 비즈니스, 개인 재정 같은 실질적인 주제까지 온갖 분야의 자료를 포함하고 연결해주는 사용자 생성 목록이다. 그 외에도 구글 검색 몇 번이면 자원을 찾을 수 있는 플랫폼이 많다.

어떤 회사에 입사 지원을 하면서 조직의 인력 구성을 파악하고 싶지만, 이번에는 웹사이트에 관련 정보를 공개하지 않는 사기업이라고 가정해보자. 어떡하나? 누가 어느 팀에 속해 있고 누가 누구 밑에서 일하는지 보여주는 조직도를 요청한다고 해서 줄 리가 없다. 하지만 누구나 접근 가능한 링크드인 등 소셜미디어에서 정보를 긁어모으면 이를 토대로 조직 구조를 제법 정확히 그려낼 수 있다. 이미 공개된 정보를 인내심을 갖고 수집하기만 하면 되는 것이다.

자원 찾기란 때로는 우리가 이미 가진 걸 어떻게 활용할지 새롭게 깨닫는 것에 불과할 때도 있다. 요즘 유튜브 채널마다 VPN 업체와 제휴를 맺은 듯 VPN 광고가 넘쳐난다(VPN(virtual private network, 가상 사설망)이란 공용 네트워크를 통해 안전하게 통신할 수 있도록 사용자의 인터넷 트래픽을 암호화하고 원격 서버를 통해 우회시키는 기술을 말한다—옮긴이). 이 광고들은 인터넷 활동과 트래픽을 숨기고, 지역 제한 콘텐츠에 접근하기 위해 웹사이트를 속이는 등 VPN 사용의 장점을 열거한다. VPN으로 이 혜택을 누릴 수는 있지만, 가상 위치 변경과 같은 대안적인 방법도 있다.

넷플릭스 구독이 대표적인 예다. 여기서 구독은 단순한 콘텐츠 접근이 아닌 정액 요금제를 의미한다. 넷플릭스 프리미엄 요금은 국가별로 큰 차이가 있다. 미국에서는 월 19.99달러지만 터키에서는 월 5달러에 불과하다. VPN으로 위치를 터키로 설정하면 훨씬 저렴한 요금으로 동일한 서비스를 이용할 수 있다.

자급자족의 핵심은 바로 이렇게 기존 자원의 활용 범위를 확장하는 것이다. 때로는 손쉽게 구할 수 있는 자원으로 모방하며 실력을 키우는 단순한 과정일 수도 있다. 많은 작가가 팬픽션(fan fiction, 기존 창작물 팬들이 원작 설정이나 등장인물을 차용해 자신만의 이야기를 창작하는 일종의 2차 창작물—옮긴이)으로 시작해 점진적으로 기량을 발전시키고, 음악가들도 좋아하는 곡을 커버하며 실력을 쌓는 것이 일반적이다.

르네상스 시대에도 미켈란젤로, 레오나르도 다 빈치와 같은 거장들은 타인의 작품을 모방하면서 더 많은 것을 배우고 자신의 재능을 계발해 나갔다. 이는 모두 가용한 자원을 총동원해 자신을 성장시키는 것으로 귀결된다.

사실 르네상스 예술가들의 사례는 지금과 크게 다르지 않다. 최근 AI로 만든 예술 작품이 폭발적으로 늘어나는 걸 보았을 것이다. 명령어 입력만으로 놀랄 만큼 정교한 그림이 탄생하니 경이롭기까지 하다. AI가 이러한 놀라운 능력을 발휘할 수 있는 것은 인터넷에 무료로 공개된 수천 점의 예술 작품을 분석하고 유사 작품 제작 기법을 학습했기 때문이다. 2018년엔 이런 방식으로 그린 그림이 크리스티 경매에서 40만 달러 넘는 값에 팔리기도 했다.

다시 라자루스 그룹 얘기로 돌아가보자. 2017년 이 조직은 워너크라이 랜섬웨어 공격으로 전 세계를 뒤흔들었다. 랜섬웨어는 기본적으로 컴퓨터 데이터를 암호화한 후 몸값을 지불받지 않으면 복호화를 거부하는 사이버 공간의 갈취 소프트웨어이다. 워너크라이 공격이 특별한 이유는 랜섬웨어에 전염성 강한 컴퓨터 바이러스인 크립토웜이 결합돼 있어 사용자가 이메일을 열거나 의심스러운 링크를 클릭하지 않아도 기계에서 기계로 자동 전파되었다는 점이다.

이 바이러스는 불과 몇 시간 만에 200여 개국을 휩쓸며 수십만 대의 PC를 감염시켰고 보잉, 영국 NHS 같은 대형 기관까지 타격했다. 아이러니하게도 크립토웜을 일으킨 취약점은 라자루스 그룹이 개발한 게 아니라 미국 NSA가 만든 것이었다. 이 취약점은 결국 '섀도우 브로커스Shadow Brokers'라는 다른 해커 집단에 의해 유출되어 공개됐고, 라자루스는 이를 전형적인 랜섬웨어와 결합했을 뿐이다. 한 평론가는 이를 "NSA가 개발한 군용급 취약점 익스플로잇에 꽤 조잡한 랜섬웨어를 달아 전 세계 국가를 상대로 무기화했다"라고 요약했다.

최소한의 노력으로 최대의 결실을 얻으려면

요점은 대중을 현혹하는 데 쓸 악성코드를 찾으라는 게 아니다. 하지만 이 사례는 무료로 제공되는 자원을 활용하는 것만으로 얼마나 막대한 파급력을 낳을 수 있는지 잘 보여준다. 완전히 합법적인 기업에서도 마찬가지다. 과거엔 소매업을 시작하려면 건물을 얻고 결제 시스템에 투자하는 등 장벽이 높았다.

그러나 인터넷 시대인 지금은 훨씬 수월해졌다. 단순히 이커머스용 웹사이트를 만드는 걸 넘어, 셔피파이(Shopify, 개인이나 소규모 업체가 손쉽게 온라인 스토어를 구축하고 운영할 수 있도록 쇼핑몰 구축에 필요한 웹사이트, 결제, 배송 등의 서비스를 제공하는 전자상거래 플랫폼—옮긴이)나 엣시(Etsy, 전 세계의 공예가, 예술가, 빈티지 셀러 등이 자신의 수제품이나 희귀 상품을 판매할 수 있는 온라인 장터—옮긴이) 같은 플랫폼은 모든 인프라를 갖춰 놓고 있으므로 판매자가 이를 이용해 장사를 시작하기만 하면 된다.

비용이 드냐고? 물론이다. 하지만 아낄 수 있는 시간과 노력을 생각하면 그 값어치를 한다. 80년대나 50년대에 창업했다면 모든 준비에 몇 년이 걸렸겠지만, 요즘은 가용 자원 덕에 순식간에 다 갖출 수 있다.

그리고 이런 기회는 여기저기 널려 있다. 신용카드 체리 피킹이란 사람들이 카드를 발급받아 가입 보너스를 챙기고 최소 사용 조건을 채운 뒤 해지하는 관행이다. 특히 흥미로운 사례로, 2000년대 후반 미국 조폐국이 지폐보다 1달러 동전 사용을 장려하고자 무료 배송으로 일반인에게 동전을 팔았다. 그 결과, 수많은 사람이 신용카드로 동전을 대량 구매한 후 즉시 은행에 입금하고, 그 자금으로 카드 대금을 상환했다. 최소한의 수고로, 전체적인 지출 없이(은행 가는 기름값 빼고) 신용카드 사용 실적을 쌓으며 카드사가 내건 거액의 캐시백, 마일리지 등 혜택을 누린 것이다(당시 많은 카드사가 카드 사용 금액에 따라 캐시백이나 마일리지 같은 보상을 제공했다. 사람들은 조폐국에서 동전을 사면서 신용카드로 결제한 후, 받은 동전을 바로 은행에 입금해 카드 대금을 갚았는데, 이렇게 하면 실제로는 돈을 쓰지 않으면서도 카드 사용 실적을 쌓을 수 있었다―옮긴이).

이는 몇 년 전 일화와도 묘하게 닮았다. 지금 떠올려도 웃음이 난다. 밀레니엄을 맞아 각 가정에 인터넷이 빠르게 보급되던 시기였다. MS는 인터넷 사용자 급증이 가져올 호황을 겨냥하여 전국적인 대규모 캠페인을 전개했다. MS와 장기 인터넷 계약을 맺으면 400달러 환급을 해주겠다는 거였다. 이 제도는 베스트바이 등 매장을 찾아 전자제품을 싹 쓸어 담은 뒤 그 자리에서 MSN에 가입하면 400달러를 깎아주는 방식으로 짜여 있었다. MS로선 인센티브로 제법 큰돈을 쏟아붓지만, 장기 고객 유치 측면에서 훨씬 더 큰 수익을 기대할 수 있었다.

그런데 이 계획에는 큰 허점이 있었다. 캘리포니아와 오리건의 계약서는 가입한 뒤 400달러 리베이트를 받고 나서 위약금 등 불이익 없이 곧바로 해지할 수 있게 돼 있었다. 사실상 희망자에게 400달러를 공짜로 뿌리는 격이었다. 이 소식이 퍼지자 벌어진 소동은 상상에 맡긴다. 고객들이 참여 매장으로 물밀듯이 몰렸고, 급기야 이 제도를 악용하려 몇 시간씩 줄 서서 기다리는 진풍경이 연출됐다. 나도 캘리포니아에 있었는데 400달러어치 물건을 공짜로 얻을 수 있었다. 물론 몇 시간씩 기다리지는 않았다. 투자 대비 보상이 사라지는 지점이 있기 마련이기에, 이 허점이 널리 퍼지기 전에 온라인에서 미리 알게 돼 대비할 수 있었다.

MS는 이 사태를 알고 허점을 막으려 신속히 대응했으나 제도를 이미 이용한 이들에겐 손쓸 도리가 없었다. 그들은 계약 조건을 지켰고 합법적으로 공짜 상품을 손에 넣었으니까.

곰곰이 되짚어보면 이 MS 사건은 내가 맥월드에 잠입한 과정과 본질적으로 다르지 않다. 두 경우 모두 각 시스템 설계자의 실수를 파고든 결과, 시스템이 우리에게 무료 자원을 안겨줬다는 얘기다. 이것이 바로 '롤바스'의 핵심이다. 전자는 실제 사이버 해킹으로 어느 정도 컴퓨터 지식이 필요했고, 후자는 컴퓨팅이나 코딩 지식이 전혀 필요치 않았지만 두 상황 모두 똑같은 원리를 여실히 활용한 것이다.

핵심은 이것이다. 최소한의 노력으로 얻을 수 있는 모든 자원과 기회를 포착하고, 본래 의도와 다르더라도 최대한 활용하는 것이다. 시스템 내부 자원이든 광범위하게 활용 가능한 자원이든, 이 원칙은 최소 투입으로 최대 효과를 얻을 수 있게 해준다.

7

리스크 관리:
계산된 모험을 하는 법

우리가 일상에서 하는 모든 일에는 위험이 따른다. 인생을 뒤흔들 만한 중대한 위험부터 약간의 시간 낭비 같은 사소한 위험까지 말이다. 이 위험을 이해하고, 감수할 만한 가치가 있는지 판단하는 것은 해커의 의사 결정 과정의 핵심이며, 해커 사고방식의 네 번째 원칙을 형성한다.

인생의 승률을 높이는 법

기댓값에는 확률론 개념이 포함되는데, 특정 사건의 다양한 결과가 나올 확률을 모두 계산하는 것이다. 수학을 깊이 파고들지 않고도 위험 감수 여부를 가늠하는 좋은 방법이다. 가령 동전 던지기에서 앞뒷면 확률을 따질 때, 각 결과에 값(앞면은 '승리' 1, 뒷면은 '패배' 0)을 매기고 평균(여기서는 0.5)을 구해 양측의 확률을 정한다. 일어날 법한 결과가 두 가지뿐이라 매우 단순한 예시다.

하지만 주사위 두 개를 굴리면 결과 분포가 균등하지 않다. 1, 6이 나올 확률이 가장 낮고 중간값이 훨씬 많이 나오며 전체 기댓값은 7이다.

베팅할 때는 당연히 50% 확률보다 유리한 쪽에 걸어야 한다. 2:3의 낮은 배당에 베팅하면($2를 걸어 이길 경우 $3를 받는 경우) 기댓값에 불리한 쪽에 서게 되어 손실 가능성이 크다. 반면 2:5와 같은 높은 배당이라면 승산이 높아진다. 한 번의 시행에서는 이러한 차이가 크게 느껴지지 않을 수 있다. 하지만 확률은 반복할수록 수렴하므로, 100번의 시행에 베팅한다면 기댓값 계산이 매우 중요해진다.

포커에서 흔히 쓰이는 전략이 바로 이것이다. 포커 초보자에겐 순전히 운에 달린 게임으로 보일 수 있다. 다수의 아마추어 플레이어에겐 말투를 읽고 누가 블러핑을 하는지 알아내는 게 전부다. 물론 운과 허세도 작용하지만, 포커의 또 다른 핵심은 위험 계산이다. 손에 든 패, 테이블 위의 카드를 보고 상대가 나보다 강한 패를 들고 있을 확률을 따져 최적의 베팅을 하는 것이다. 즉, 주어진 상황에서 기댓값을 극대화하는 것이다. 실제로 전직 프로 포커 선

수 애니 듀크는 이런 개념과 배팅 관점이 의사 결정에 얼마나 도움이 되는지 여러 강연과 글을 통해 역설했다.

카지노는 아마 기댓값을 가장 크게 적용하는 사례일 것이다. 카지노는 룰렛, 블랙잭, 단순한 슬롯머신에 이르기까지 모든 도박 플랫폼의 기댓값을 계산한다. 모든 경우에 기댓값을 산출하고 고객에게 제시되는 배당률은 수천 번 베팅이 반복돼도 언제나 카지노가 이득을 보도록 설계된다. 이는 단순한 수학적 원리에 따른다.

물론 이 원리는 더 광범위하게 적용할 수 있다. 다음 장에서는 컴퓨터 해커들이 대규모 소셜 엔지니어링(사람들의 심리적 취약점과 본능적 반응을 교묘히 이용해 원하는 정보나 행동을 이끌어내는 해킹 기술―옮긴이) 캠페인을 어떻게 활용하는지 살펴보겠다. 이런 작전은 개별 해커가 적발될 위험은 낮지만, 표적이 많아 누군가는 반드시 걸려들 확률이 높다. 해커는 그에 따라 기댓값을 계산하고, 작전에 투입할 시간과 노력이 값어치가 있는지 판단한다. 다음 섹션에서 자세히 다루겠다.

하지만 그전에 다시 한번 요점을 짚고 넘어가자. 나는 첫 번째 해커 원칙으로 공격에 임하는 것, 특히 공격이 최고의 방어라는 점을 강조했다. 한 명은 계속 공격하고 다른 한 명은 방어에만 급급한 검투를 예로 들었다.

그때 빼먹은 게 있다. 상황에 따라 공격의 가치가 달라지고, 어떤 공격은 다른 것보다 더 효과적이라는 사실이다. 승리를 위해서는 검투사가 상황마다 어떤 일격이 가장 효과적일지 끊임없이 가늠해야 한다. 즉, 순간순간 기댓값을 따져야 하는 것이다. 무의식 중에 그렇게 할 것이다. 이는 포커 플레이어가 주어진 국면에서 최선의 수를 찾고자 기댓값을 계산하는 것과 다르지 않다. 이처럼 기댓값을 바탕으로 위험을 평가하고 의사결정하는 사고방식을 기르는 것이 이 해커 원칙의 핵심이다.

인생 ROI를 극대화하는 방향인가?

위험을 감수할지 말지를 계산할 때 가장 근본적인 역학 관계는 투입 노력과 산출 이익 간 균형을 맞추는 것이다. 해커는 아무 대가 없이 무언가에 공을 들이는 일이 없다. 노력에 상응하는 보상이 있어야 한다. 물론 "돈은 문제가 아니다"라는 마음가짐으로 임하는 해커도 있다(국가 지원 해커나 레드팀을 떠올려보라). 하지만 그것은 위험이 워낙 높아 정당화될 만한 경우에만 한정된다.

더 큰 가치를 창출하지 않는 한 누구도 많은 시간과 돈을 쏟아붓지 않을 것이다. 100달러에 물건을 사서 200달러에 팔았다면 선방한 셈이지만, 100달러 주고 사서 50달러에 팔았다면 분명 좋은 결과가 아니다. 모든 금융 거래에서 이익을 내는 것이 위험을 제대로 평가했다는 가장 확실한 증거다.

하지만 시간이 얼마나 중요한 요인인지는 잘 인식되지 않는다.

돈이라는 눈에 보이는 숫자에 지나치게 집착한 나머지, 시간은 흔히 우리 사회에서 상당히 과소평가된다.

컴퓨터 해커는 몇 달 동안의 작업으로 상당한 이득을 얻기 어려울 것으로 판단되면 시스템 침투에 3개월을 투자하지 않는다.

시간의 가치는 모두에게 적용되며, 우리 모두 자신의 시간이 얼마나 귀중한지 알아야 한다. 몇 년 전 주유할 때마다 최저가 주유소를 찾아다니던 친구가 있었다. 그는 종종 가깝고 편한 주유소를 두고는 갤런당 고작 몇 센트 더 싼 주유소를 찾아 먼 길을 운전했다. 그런 모습을 보며 나는 늘 당황스러웠다. 그 주유소까지 가는 기름값은 차치하고라도, 상대적으로 아낀 돈이 그 먼 곳까지 가는 왕복 30분이나 되는 시간만큼 가치가 있을까?

위험과 보상의 균형: 직감을 믿되 계산하라

투입되는 노력의 양을 계산할 때 또 다른 중요한 요소는 관련된 위험의 정도를 살펴보는 것이다. 이는 본질적으로 상당히 투기적인 일이지만, 신중하게 접근하면 체계적이고 성공적인 전략을 세울 수 있다. 위험과 보상의 균형을 맞추는 한 가지 예로는 복권을 들 수 있다. 복권은 당첨 확률이 극히 낮아 아예 하지 말아야 한다는 것이 통념이지만, 계산해보면 항상 그런 것은 아니다.

잭팟에 당첨될 확률이 2억 5천만 분의 1이라고 가정해보자. 이

때, 잭팟 상금이 2억 5천만 달러 미만이라면 당첨 가능성이 너무 희박해 복권을 사지 않는 것이 합리적이다. 그러나 잭팟 상금이 2억 5천만 달러를 넘어선다면 1달러짜리 복권을 사는 것이 수학적으로는 합리적인 선택이 될 수 있다. 물론, 당첨 가능성은 여전히 극히 낮으며, 이처럼 희박한 확률에 기대어 도박에 나설지 여부는 개인의 선택이다. 이처럼 수익률 계산의 원칙은 복권뿐 아니라 투자, 비즈니스, 보험과 같은 다양한 분야에 적용할 수 있다.

벤처캐피탈 펀드는 실제로 이러한 원리로 작동한다. 대부분의 스타트업은 결국 실패하기 때문에 이들에 대한 투자는 늘 커다란 위험을 동반한다. 그러나 성공 확률을 계산한 후에 투자 수익이 항상 모든 손실을 상쇄할 수 있도록 보장함으로써, 벤처캐피탈리스트는 전체적으로 수익을 낼 수 있다.

위험의 실제 본질을 파악하는 것도 중요하다. 사람들은 흔히 주어진 상황의 위험을 과대평가하는 경향이 있는데, 특히 금전적이지 않고 수치화하기 어려운 위험에서 더욱 그렇다. 예컨대 많은 이들이 실패나 공개적 망신을 두려워해 위험 감수를 꺼린다.

하지만 대중은 우리가 생각하는 것만큼 남들의 실패에 관심이 많지 않으며, 오히려 빨리 잊는다. 세계에서 가장 유명하고 성공한 기업가 중 상당수가 성공하기 전에 수많은 실패를 겪었다. 일반적으로 사람들은 실패보다 성공에 훨씬 더 주목한다. 따라서 실패의 결과가 생각보다 크지 않음에도 불구하고, 많은 사람이 위험을 계산할 때 실패 가능성을 과대평가하는 경향이 있다.

위험 계산을 적절히 조정하면 실제로 행동에 나서는 것이 합리적인 경우가 훨씬 더 많다. 실패에 대한 두려움은 변화에 대한 저항과도 연결된다. 이 역시 사람들이 위험을 과도하게 부풀리는 또 다른 요인이다. 현재 상황에 익숙해져 안주하는 게 쉽겠지만, 해커의 특성인 끊임없는 개선 정신을 기억해야 한다.

해커는 결코 현 상태에 만족하지 않으며, 상황을 개선하는 유일한 방법은 변화를 주는 것이라고 믿는다. 직업을 바꾸든, 새로운 비즈니스 전략을 시도하든, 새로운 기술을 습득하든, 또는 투자에 새로운 접근법을 도입하든 간에, 변화 그 자체는 위험이 아니다. 변화는 상황을 나아지게 하기 위한 필수적인 과정이다.

시간이라는 관점에서 보면, 나이가 들수록 위험을 감수하기가 점점 어려워진다. 이는 한편으로는 나이가 들면서 자연스레 보수적이고 위험을 기피하는 성향이 강해지기 때문이다. 하지만 이런 심리적 변화는 노력 여하에 따라 충분히 극복할 수 있다. 위험 감수를 어렵게 만드는 실질적인 요인도 있다. 나이가 들면서 더 많은 책임과 의무를 지게 되는 경우가 많기 때문이다. 갚아야 할 대출금이 있거나 가정과 아이들을 부양해야 해서 위험 감수 대가가 더 커지기 때문이다.

그러므로 젊고 제약이 적을 때 기회를 잡는 게 나중보다 수월할 수 있음을 명심해야 한다. 특정 사업을 추진할 때는 실제 위험 부담을 정확히 계산하는 것만큼이나, 기대할 수 있는 실질적인 보상 가치를 꼼꼼히 살펴보는 것이 중요하다.

어떤 일에 도전함으로써 얻을 수 있는 부수적인 유익도 있으므로 이 점도 고려해야 한다. 예를 들어 사업주가 회사 홍보를 위해 컨퍼런스 참가를 고민한다면, 주된 목표는 신규 고객 확보겠지만 직접적인 고객 유치에 실패하더라도 회사를 알리고 인지도를 높일 수 있다.

간혹 보상이 개인적 이익과 무관할 수 있다. 일례로 일론 머스크는 테슬라에서 큰 성공을 거둔 후 현재 스페이스X를 추진하고 있다. 두 회사를 설립하기 전부터도, 그는 성공 가능성을 그리 높게 보지 않았지만 개인적인 성패와는 별개로 인류 발전에 기여할 수 있는 의미 있는 도전이라는 생각에 이를 실행했다. 위험과 보상의 균형을 고려해보면 두 사업을 추진하는 것이 합리적인 선택이라는 결론에 도달했던 것이다.

위험과 보상의 균형은 내가 윤리적 해커로 활동하던 시절을 떠올리게 한다. 당시 은행 간 고액 이체를 위해 구축된 컴퓨터 시스템이 존재했다. 이 시스템은 당연히 다단계 보안으로 설계되어 있어서 단계마다 엄격한 점검 절차를 거쳤다. 복잡하게 얽힌 거대한 시스템으로, 공학적으로는 잘 이해되었지만 보안 관점에서 모든 부분이 어떻게 맞물리는지 살펴본 사람은 없었다. 자기가 맡은 영역에 대한 보안은 확신했지만 다른 부분의 보안은 그저 믿고 맡길 뿐이었다. 즉, 자기가 맡은 부분이 개별적으로 탄탄하면 전체도 안전할 것이라 가정한 셈이다. 게다가 이 시스템은 오랫동안 운영되어 왔고 그동안 아무도 해킹에 성공한 적이 없었다.

개발자의 시각에서는 시스템에 중대한 결함이 존재할 가능성이 극히 낮아 보였을 것이다. 그러나 나는 이를 당연하게 받아들이지 않고 보안 관점에서 시스템 전체를 철저히 점검해보기로 했다. 며칠에 걸쳐 매뉴얼을 꼼꼼히 읽으며 전체 프로세스의 작동 원리와 각 단계 간의 연관성, 그리고 해야 할 일과 하지 말아야 할 일 등을 세세히 파악했다.

이후 직접 시스템을 구현하고 취약점으로 추정되는 부분에 부하를 가해보았다. 그 결과 시스템 일부를 만든 소프트웨어 회사조차 인지하지 못했던 취약점(일명 제로데이)을 발견할 수 있었다.

분석 결과, 시스템의 개별 요소는 안전했으나 계층 간 프로세스는 개발자들의 예상보다 취약한 것으로 드러났다. 나는 직감적으로 뭔가 문제가 있을 거라 판단하고 시스템 보안을 살펴보는 데 많은 시간과 노력을 투자했다.

아무것도 발견하지 못할 수도 있는 위험은 있었지만, 내 직감이 맞을 경우 얻을 수 있는 보상이 충분히 컸고, 결국 그 보상을 손에 넣을 수 있었다. 어떤 도전이든 관련 위험과 보상 간의 균형을 꾸준히 계산해 나간다면 장기적으로 성공할 수 있을 것이다.

기회는 어디에나 있다

지금까지 다양한 선택지의 비용과 수익 사이의 균형을 통해 리스크를 계산하는 방법을 살펴보았다. 이 원칙을 더 폭넓게 적용하려면 자신에게 가장 적합한 비용-보상의 균형점을 적극적으로 찾아나서야 한다. 다시 말해, 기회가 있는 곳을 적극 모색하는 것이다.

이런 기회주의적 접근법은 해커들이 자주 택하는 방식인데, 이는 앞서 언급한 효율성이라는 특성에서 비롯된 것이다. 사이버 보안 전문가들이 OWASP(가장 심각하고 광범위한 보안 취약점 목록) 상위 10개 항목을 중점적으로 다루는 것처럼, 블랙햇 해킹에서는 인터넷을 광범위하게 스캔하며 취약점을 찾아내는 것이 핵심이다.

인터넷은 본질적으로 수백만 대의 컴퓨터가 정보 패킷을 교환하는 거대한 통신망이다. 해커는 이런 정보 패킷을 마치 탐사선처럼 수천 개씩 간단하게 쏘아 보낼 수 있다. 탐사선이 미지의 행성을 탐색하며 데이터를 수집하듯이, 해커가 보낸 패킷에 대한 응답을 분석하면서 해당 컴퓨터 시스템의 보안 수준을 가늠하게 되는 것이다. 이 과정은 거의 자동화되어 있어 비용이 매우 저렴하고 위험부담도 적다. 최악의 경우 서버에서 차단당할 수 있겠지만, VPN을 활용하면 쉽게 우회할 수 있다. 결과적으로 블랙햇 해커는 어디에 해킹 기회가 도사리고 있는지에 대한 유용한 정보를 입수하게 된다.

모든 기회가 동등한 가치를 지니는 건 아니다. 약 20년 전에는 기업의 업무용 컴퓨터로 애플 맥이 거의 사용되지 않았기에, 기업을 표적으로 하는 해커가 맥OS의 취약점을 발견하더라도 그다지 유용한 기회는 아니었다. 그러나 인터넷을 샅샅이 뒤지다 보면 다른 시스템의 취약점을 발견할 수 있고, 이를 악용할 가능성이 있다.

해커는 광범위한 접근을 통해 악용이 가능한 취약점을 찾아낸다. 그러면 운영 체제 개발사는 이를 방지하기 위한 패치와 업데이트를 배포한다. 그러나 모든 사용자가 이러한 패치를 즉시 적용하는 것은 아니다.

일부 해커들이 써먹는 영리한 방식 중 하나는 배포된 패치를 분석해 그것이 어떤 취약점을 해결하는지 알아낸 뒤, 그 허점을 노리면서 아직 패치를 설치하지 '않은' 사용자를 겨냥한 공격을 인터넷을 통해 대량 전파하는 것이다. 2014년 셸쇼크 사태 당시 많은 해커가 택했던 전략이기도 한데, 당시 수많은 맥과 리눅스 컴퓨터에서 해커가 원격으로 자신의 코드를 실행할 수 있는 취약점이 발견(및 패치)되었다.

해커들은 말 그대로 인터넷을 휩쓸며 이 버그를 악용하는 공격을 마구 퍼트렸고, 패치되지 않은 시스템이 발견되면 공격이 성공해 해커가 해당 시스템에 침투할 수 있었다. 이런 기회주의적 접근법은 취약점을 노리는 악의적 해커들에게 매우 유용한 방식이었다.

반면, 선의의 해커인 화이트햇은 블랙햇 해커의 기회주의적 성향을 철저히 파악하고 있다. 앞서 강조했듯 블랙햇 해커의 눈으로 시스템을 바라보고 그들의 지식을 역이용해 방어 체계를 강화하는 것이 화이트햇 해커의 핵심 역할이다. 화이트햇은 시스템을 철저히 검토하여 악의적 해커가 악용할 수 있는 취약점을 예측하고 선제적으로 방어하는 사이버 보안의 방패 역할을 수행한다. 이는 앞서 리버스 엔지니어링에서 배운 "적을 알고 나를 알면 백 번 싸워도 위태롭지 않다"는 손자병법의 지혜를 연상시킨다. 화이트햇은 블랙햇이 노리는 약점을 역으로 분석하고 공격에 따른 피해를 계산해 방어 우선순위를 정하는, 일종의 이중 가치 계산을 수행한다고 볼 수 있다.

해커의 사고방식으로 기대 가치를 산정하려면 지속적으로 기회를 모색하되, 예상치 못한 영역에서도 기회가 발생할 수 있음을 인지해야 한다.

대표적인 사례로, 비즈니스 영역에서 인터넷의 잠재력이 여전히 충분히 활용되지 않고 있다는 점을 들 수 있다. 우리는 수십 년간 인터넷을 사용해왔고 온라인 쇼핑에 익숙해졌음에도, 여전히 이커머스를 기피하는 예비 사업가들이 많다. 오프라인 매장 운영에 대한 로망은 여전히 존재하지만, 기회 탐색의 관점에서 인터넷은 타의 추종을 불허하는 최적의 플랫폼이다. 온라인 비즈니스의 경우 진입 장벽이 훨씬 낮다. 번화가에 자리한 멋들어지고 번쩍이는 매장이 마음을 사로잡을 수는 있겠지만, 기회가 온라인에 있다면 주저 없이 그쪽으로 나아가야 한다. 이것이 바로 기회주의자가 되어야 한다는 의미이다.

인생의 '알파'를 높이는 비대칭 기회

지금까지 살펴보았듯이 리스크 관리의 핵심은 특정 도전에 따르는 노력과 보상의 균형을 평가하고, 그 가치를 판단하며, 이러한 균형점이 존재하는 기회를 적극적으로 발굴하는 것이다. 그러나 이 원칙을 최고 수준으로 적용한다는 것은 단순히 노력 대비 보상의 충분성을 따지는 것을 넘어, 최적의 균형점을 찾아내는 일이기도 하다.

고위험 고수익, 저위험 저수익 시나리오 속에서도 나름의 균형점을 찾아낼 수는 있지만 가장 이상적인 것은 위험은 낮으면서도 보상은 높은, 다시 말해 위험 부담이 비대칭적으로 유리하게 작용하는 경우이다. 많은 것을 얻을 수 있으면서도 잃을 것은 거의 없는 그런 절호의 기회 말이다.

복권 당첨 확률과 잭팟 상금을 비교해 복권을 구매하는 예시를 생각해보자. 이는 기댓값을 계산하기에 좋은 방법이지만, 수학적으로 복권 구매가 합리적이라 해도 당첨 가능성 자체가 극히 낮아 여전히 위험도가 높은 시나리오다. 반대로 수백만 장의 복권을 구매하면 당첨 위험은 낮출 수 있지만, 잠재적 보상 규모 역시 크게 줄어든다. 가장 이상적인 것은 단 한 장의 복권으로 거금을 얻을 확률이 높은 경우다.

이 장의 요지는 위험을 최소화하면서 보상은 극대화하는 선택을 돕는 데 있다. 투자자들은 이를 "알파 찾기"라고 부른다. 금융

계에서 '알파'란 시장을 앞지를 수 있는 투자자의 능력, 즉 시장 평균 수익률을 뛰어넘는 투자 실적을 내는 것을 말한다.

시장 평균 수익률에 맞추는 것 자체가 나쁜 투자 전략은 아니다. 실제로 이런 원리로 승승장구한 인덱스펀드들이 수두룩하다. 그러나 알파를 추구하는 투자자들은 최소한의 투자로 최대한의 수확을 거둘 수 있는 최적 지점, 일명 스위트 스팟을 찾아내는 데 혼신을 다한다.

비대칭 리스크를 활용할 기회는 재테크 전략에 국한되지 않는다. 최근 방영된 시사 코미디 프로그램 〈투나잇 쇼 위드 존 올리버〉에서는 TV에서 유명한 종교인들을 조명하면서, 교회를 비롯한 종교 단체들이 누리는 면세 혜택과 이를 받기 위해 충족해야 할 기준이 지나치게 낮다는 점을 집중 부각했다.

전형적인 존 올리버식 독설의 피날레로, 그는 자신만의 종교 법인 '면세 성모회'를 설립하는 것으로 에피소드를 마무리한다. 유쾌한 TV 풍자극이었지만, 그가 진정 강조하고 싶었던 것은 수많은 조직이 이처럼 파격적인 세제 혜택을 누리기 위해 턱없이 낮은 문턱을 넘기만 하면 된다는, 심각하게 불공정한 구조였다.

물론 모든 이가 면세 혜택을 받는 종교 단체가 될 필요는 없다. 하지만 운영 중인 사업체가 국세청이 종교 단체로 인정할 만한 요건을 갖추고 있다면 당연히 면세 자격을 신청할 만하다. 사실 우리는 늘 '비대칭적 위험'에 둘러싸여 있다. 문제는 이것을 알아차리느냐에 있다.

앞서 리스크 계산에서 가장 중요한 것은 실제 가치를 정확히 파악하는 것이었다. 자세히 살펴보면 우리 주변에는 위험 부담이 적은 기회들이 널려 있다. 원하는 바가 있다면 그저 입을 여는 것만으로도 어떤 형태로든 소기의 성과를 거둘 수 있고, 위험은 미미한 경우가 비일비재하다. 최악의 상황이라고 해봐야 거절당하는 것뿐이니까.

승진이나 임금 인상을 희망하는가? 주저하지 말고 적극적으로 요청해보라! 기업가 노아 케이건은 사회적 불안과 편견에서 벗어나 원하는 바를 쟁취하려면 한층 더 적극적으로 나설 필요가 있다며 "커피 챌린지"를 제안했다. 스타벅스든 어디든 커피를 주문할 때마다 10퍼센트 할인을 요구해보자는 것이다. 십중팔구 퇴짜를 맞겠지만, 어쩌다 승낙을 할 수도 있고, 그렇게 되면 공짜로 할인 혜택을 보는 셈 아니겠는가. 사소해 보일 수 있지만, 이렇게 시도해보는 것만으로도 우리 주변에 얼마나 많은 저비용 고효율의 기회가 숨어 있는지 깨달을 수 있다. 이는 삶을 더욱 풍요롭게 만드는 원동력이 될 것이다.

꼭 커리어나 재테크에만 해당되는 얘기가 아니다. 마음에 두고 있는 이성이 있다면? 한번 만나 보자고 물어보라. 상대가 기다렸을지도 모른다! "좋은 배우자는 마지막에 나타난다"는 속설은 사실과 다르다. 오히려 마지막까지 남는 이들은 적극적으로 다가가지 못한 사람들일 가능성이 높다.

8

소셜 엔지니어링: 인맥을 활용한 목표 달성

2020년 한 해커 그룹이 버락 오바마, 빌 게이츠, 카니예 웨스트, 킴 카다시안 등 유명 인사들의 트위터 계정과 애플, 우버 등 일부 대기업의 계정을 탈취하는 데 성공했다. 이들은 이 계정들에 접근해 사람들에게 비트코인을 자신들의 계정으로 보내주면 두 배로 돌려주겠다는 글을 올리며 돈을 유도했고, 결과적으로 수천 달러를 챙겼다.

이들은 어떤 방식으로 이 계정들을 장악할 수 있었을까? 영화에서처럼 어두운 방에서 컴퓨터를 두드리던 해커가 "해킹 성공!"을 외치며 트위터 시스템에 침투하는 장면을 상상할 수도 있겠다. 그러나 현실은 전혀 달랐다. 해커들은 트위터의 기술 인프라를 정면 공격하지 않고, 트위터 직원들을 표적으로 삼았다. 그들은 하위 직원 몇 명을 속여 로그인 정보를 빼냈고, 이를 발판 삼아 더 높은 권한을 가진 직원을 노렸다. 이런 식으로 트위터 메인프레임에 접근할 수 있게 되자, 문제의 계정들을 장악하는 건 식은 죽 먹기였다.

트위터는 사건 후 성명을 통해 이렇게 밝혔다. "공격자들은 소수 직원을 속이고 그들의 계정으로 트위터 내부 시스템에 침투해 2단계 인증마저 뚫었습니다. 현재로선 내부 지원팀용 도구에 접근한 것으로 파악됩니다." 이처럼 해커들이 시스템을 뚫기 위해 그 시스템을 다루는 사람을 이용하는 기법을 '소셜 엔지니어링'이라고 한다. 이는 모든 시스템 해킹의 핵심 전략이기도 하다.

인간은 가장 취약한 고리

리버스 엔지니어링 편에서 우리는 사람, 프로세스, 기술이라는 렌즈로 시스템을 분석하는 법을 살펴봤다. 여기서는 특히 사람 측면에 초점을 맞추려 한다. 시스템을 분석하고 조작할 때 한 가지 부인할 수 없는 사실이 있다. 우리를 둘러싼 거의 모든 시스템은 사람으로 구성되어 있거나, 적어도 그 중심에는 사람이 자리 잡고 있다는 점이다. 바로 시스템을 최대한 활용하는 최적의 전략은 종종 해당 시스템과 연관된 인력을 효과적으로 조종하는 데 있다.

이는 불편한 진실일 수 있다. 그러니 잠시 이 책 초반에 언급했던 윤리에 대한 논점을 되새겨보자. 나는 도덕적 잣대를 들이대려는 게 아니다. 해커 사고방식을 적용하면 얻게 되는 역량과 도구는 막강하지만, 이는 양날의 검으로 작용한다. 그 도구를 선으로 쓸지, 악으로 쓸지는 전적으로 사용자 몫이다. 시스템 내에서 타인의 행동 패턴을 활용하는 것과 악의적 목적으로 조종하는 것은 명확히 구분되어야 한다.

인간의 행동 양식에 대해 생각해보자. 물론 사람들의 행동은 천차만별이다. 어떤 이는 이성적으로, 어떤 이는 감정적으로 굴며 대부분은 그사이 어딘가에 있다. 그러나 이성적이든 비이성적이든 인간 행동에는 항상 일정한 패턴이 존재한다. 이 패턴을 간파해 자신에게 유리하게 활용할 수 있다.

개인마다 고유한 행동 양식을 보이지만, 동시에 특정 유형으로 구분되는 공통점도 있다. 이를 위한 방법론은 다양하다. MBTI나 에니어그램 같은 성격 유형 검사가 대표적이다. 이런 도구들은 모두 사람을 특정 속성의 렌즈를 통해 보게 해준다. 이는 개개인을 대하는 최선의 방식을 이해하는 데 도움이 된다. 예컨대 늘 따지기를 좋아하는 성격 유형이 있다는 걸 알면, 그런 사람을 상대할 때 참고할 수 있다.

그리고 우리는 각 개인과 교류하며 그들의 사소한 약점과 결벽을 알게 된다. 사람마다 조금씩 다르게 대해야 한다는 걸 알고, 무의식중에 그렇게 한다. 해커 사고방식은 사람들이 시스템과 어떻게 상호작용하는지 파악하고, 그 정보를 전략적으로 활용하는 것이다.

이 원칙을 적용하는 한 가지 방법은 특정 시스템 내에서 사람들이 맡은 역할을 살피는 것이다. 가령 법규를 떠올려보자. 규칙을 만드는 사람, 해석하는 사람, 집행하는 사람이 있는데 대개는 서로 다른 이들이다. 세법이 좋은 예다.

세법은 특정 목표를 염두에 둔 입법자들이 만든다. 세법은 복잡하고 얽혀 있어서 이를 풀어내는 회계사, 세무사 등 수많은 해석자가 존재한다. 그리고 국세청 직원들과 법을 집행하는 수많은 판사도 있다. 얼핏 보면 세금 규정은 엄격하고 융통성 없는 시스템처럼 보일 수 있다. 그러나 그 안에서 각자가 맡은 역할을 이해하고 그들의 인간적 속성을 활용하면 종종 자신에게 유리하게 적용할 수 있다.

의뢰인들이 변호사에게서 가장 높이 평가하는 능력 중 하나는 법률 지식뿐만 아니라, 실제 상황에서 법이 어떻게 해석되고 적용될지를 예측하는 통찰력이다. 법정에서 가장 뛰어난 변호사는 담당 판사와 배심원들이 특정 주장에 어떻게 반응할지를 예측하고, 설득력을 극대화할 수 있는 논리를 구사하는 사람이다. 이처럼 고정된 시스템 속에서도 인간적 요소를 활용할 기회는 우리 주변 곳곳에 존재하며, 이를 잘 활용하는 능력이 변호사의 성공을 좌우하는 중요한 열쇠가 된다.

사람들은 대체로 착하다

우리는 종종 사회 시스템 속에서 타인과 경쟁하거나 대립각을 세우다 보면 모두가 나에게 적대적일 거라고 여기기 쉽다. 하지만 실상은 그렇지 않은 경우가 많다. 대부분은 본래 친절하고 예의 바르며 남을 돕고자 하는 성향을 지니고 있다.

초면에서도 대부분은 상대방의 진실성을 전제로 대화를 시작한다. 특히 내가 상대를 적대시하지 않는다면 상대 역시 나를 적으로 보지 않을 가능성이 크다. 설령 누군가 나를 경계한다 해도 시간이 지나면 언젠가는 방심하게 마련이다. 경계를 늦추고 긴장을 풀며 타인을 신뢰하고 돕고자 하는 것은 인간의 본능이기 때문이다. 이 모든 요소를 잘 활용하면 대인 관계가 필요한 상황에서 유리한 고지를 점할 수 있다.

나는 해커로 활동하며 이 방식을 여러 차례 적용해봤다. 레드 팀 작전을 수행할 때면 사이버 보안과 밀접한 관련이 있는 현장 보안을 위해, 경계가 삼엄할 것으로 예상되는 건물에 물리적으로 침투를 시도하곤 했다. 허름한 작업복에 명찰 또는 눈에 띄는 재킷에 클립보드 하나면 생각보다 깊숙이 들어갈 수 있어서 놀라울 정도였다. 남들이 당신을 신뢰하고 겉모습 그대로 받아들이는 데는 긴 시간이 걸리지 않는다. 작업복 차림이라면 경비원 10명 중 9명은 "아, 뭔가 수리하러 온 사람이구나. 그냥 통과시켜 주지 뭐" 하고 여길 것이다.

나는 이런 인간 심리를 이용해 출입 통제 구역에 수없이 침투해 봤다. 비단 나와 동료 해커들뿐 아니라 누구라도 이렇게 남들의 기대치를 활용할 수 있다. 호주의 코미디언 스티브 필프는 사다리 하나면 어디든 갈 수 있다는 자신의 지론을 증명하기 위해 직접 뛰어들었다. 그는 다른 식별 도구 없이 사다리 하나로 식당 주방, 지하철, 영화관, 강 위 보트 등 갖가지 장소에 침투할 수 있었다. 모두 사람들의 막연한 추정을 교묘히 이용한 것이다.

앞서 언급했듯 상대방이 적대적 시각을 갖지 않을 때 그들의 선의를 전략적으로 활용하기가 용이하다. 하지만 날 경계한다 해도 사회적 역학 구도를 꿰뚫고 있다면 큰 도움이 될 것이다. 인신공격을 당했다면 방어적 본능을 따르지 말라(해커 원칙 1: 공격적 태도). 대신 리버스 엔지니어링에서 배웠던 '적 에뮬레이션' 기법을 떠올려보자. 즉, 공격자 입장이 되어 그들이 원하는 것, 그들이 그렇게 구는 이유, 그들이 이루고자 하는 목표가 무엇인지 간파해야 한다. 상대의 동기와 유인을 정확히 짚어내면 역습을 가해 제압하든, 상황을 원만히 무마하든 훨씬 우위에 설 수 있다.

인간 심리 레버리지

프리텍스팅 Pretexting은 컴퓨터 해커와 사기꾼이 개인 정보나 민감한 데이터를 획득하기 위해 자주 동원하는 기법이다. 오늘날엔

주로 사기와 연관되지만 실은 1970년대 FBI가 수사에 활용했던 것으로 거슬러 올라간다.

프리텍스팅의 본질은 정보나 기타 이득을 얻고자 자신이 아닌 다른 이로 가장하는 데 있다. 작전 전화를 걸어 국세청이나 보험사 직원인 양 행세하는 건 유명한 사기 사례이자 사회공학적 위장술의 전형이다.

사기꾼이 표적에게 쓰는 수법은 단순 설득부터 복잡한 기만술까지 천차만별이지만 핵심은 언제나 같다. 예측 가능한 인간의 속성을 이용해 목적 달성 가능성을 높인다는 점이다. 앞서 언급한 일반적 신뢰성이 대표적이다. 사기꾼은 흔히 이를 바탕으로 상대와 믿음직한 관계를 구축한다.

또한 사람들이 대개 감정적으로 반응하는 경향을 악용하는데, 막대한 이해관계가 걸린 것처럼 포장할 땐 더욱 그렇다. 가령 사기꾼은 즉시 거액을 송금하지 않으면 예금이 도난당할 위험이 있다고 피싱할 수 있다. 어느 쪽이든 표적은 본능적으로 신중함을 잃고 감정에 휩싸이기 쉽다.

사기꾼이 즐겨 쓰는 세 번째 전략은 권위를 앞세우는 것이다. 우리는 으레 권위를 존중하는 경향이 있어서 권위적 페르소나 투사는 무척 손쉬운 전략이다. 자신만만하게 말하고 상류층 억양과 말투를 흉내 내는 것만으로 통할 때가 많다.

물론 프리텍스팅은 주로 사기꾼의 전유물로 통하지만 활용 범위는 훨씬 넓다. 고급 재킷을 걸치거나, 사다리를 들고 통제구역에 침입하는 사례를 떠올려보라. 이 또한 일종의 위장이다.

이 기법의 핵심은 타인의 선입견이나 고정 관념을 전략적으로 활용한다는 점에 있다. 흔히 나약한 이들을 이용하려고 사기꾼들이 쓰는 수법이지만, 한 단계 높은 프리텍스팅이라면 노련한 상대마저 속일 수 있다.

사이버 보안팀 요원 맷이 자사 인사부의 보안을 테스트했던 일화가 떠오른다. 그는 이력서 워드 파일에 원격 접속 코드를 심어 채용 담당자에게 발송한 뒤 연락을 기다렸다. 그런데 문제는 그 코드가 매크로라는 하위 프로그램에 내장돼 있어서 실행되려면 문서를 열 때 사용자가 직접 매크로를 활성화해야 한다는 것이었다.

어떤 채용 담당자가 1차 전화 면접을 위해 맷에게 연락했다. 맷이 이력서에 대해 물었더니 사실 열어보지도 못했다고 했다. 매크로를 유도하는 이력서를 접한 경험이 있어 의심했던 것이다.

맷은 태연히 대화를 이어가며 신뢰를 쌓고 자신도 보통 사람과 다를 바 없음을 어필했다. 담당자는 점점 마음을 열었지만 이력서까지 열어볼 정도는 아니었다. 그들은 직무의 다양한 측면과 맷의 경력에 대해 1시간 넘게 얘기를 나누고 즉석에서 기술 관련 퀴즈까지 진행했다. 끝까지 이력서를 열어보지 않자 맷은 거의 포기 직전이었다. 작별 인사를 하고 맷은 패배감에 휩싸여 전화를 끊었다. 자신이 너무 노골적이어서 일을 그르쳤나 봐, 하고 자책했다. 그런데 30분 뒤, 매크로 코드가 실행됐다는 알림을 컴퓨터에서 받았다.

외양과 달리 그가 진정성 있는 사람으로 비치기 위해 기울인 공은 결실을 맺어, 마침내 담당자가 이력서를 열어 코드 작동을 허용한 것이다. 맷이 쌓아온 친근한 인상 덕분에 담당자의 마음을 녹일 수 있었던 셈이다. 이 사례는 사회공학 전략을 적절히 조합하면 목표를 이룰 수 있으며, 포기 직전의 상황에서조차 가능하다는 것을 잘 보여준다.

지금까지 프리텍스팅과 관련해 컴퓨터 해커와 디지털 사기꾼 얘기를 많이 했지만, 이 기법의 본질은 기술적 측면보다는 인간의 보편적 심리를 이해하고 이를 전략적으로 활용하는 데 있다.

대규모 소셜 엔지니어링

피싱Phishing과 그 변종인 비싱, 스미싱의 개념은 대부분 익숙할 것이다. 모르는 분들을 위해 간단히 설명하자면, 피싱이란 개인 정보를 얻을 목적으로 다수에게 이메일을 보내는 것을 말한다. 피싱 메일은 흔히 아마존 배송 알림이나 은행 거래 실패 통지 등 많은 이들이 받을 법한 내용으로 위장해, 수신자가 링크를 클릭하도록 유도한다. 그런 다음 비밀번호나 계좌정보 같은 개인 정보를 빼내려 든다. 피싱에서 파생된 변종으로는 문자를 통한 스미싱(smishing, SMS와 피싱(Phishing)의 합성어로, 문자메시지를 통해 개인정보를 탈취하려는 해킹 기법—옮긴이), 전화나 음성 메시지를 이용한 비싱

(Vishing, 보이스[Voice]와 피싱의 합성어로, 전화나 음성메시지를 이용해 민감한 정보를 유출하도록 유도하는 방식—옮긴이) 등이 있다.

물론 대다수는 이런 공격에 익숙해져 어렵지 않게 간파한다. 그러나 문제는 피싱의 규모에 있다. 공격자 입장에선 모두를 속이지 않아도 된다. 소수만 걸려들어도 목적을 이루고 작전이 꽤 성공적으로 인정받는다. 공격자가 매번 성공할 필요는 없으며 실제로도 그렇지 않다. 그러나 공격은 충분한 성공을 거두기에 족한 규모로 크게 이뤄진다.

이런 대규모 기법을 쓰는 또 다른 사례가 있다. 바로 마케팅이다. 허쉬 광고를 본 모든 이가 키세스를 사러 가진 않는다. 그래도 일부는 구매에 나설 테니 전반적으로 광고는 집행 가치가 있는 셈이다. 이런 경우엔 개별 실패에 연연할 필요가 없다. 매번 성공이 아닌 전체적인 성공이 목표니까 말이다. 때로는 이런 대규모 접근법이 궁극적 성공으로 가는 지름길이 될 수 있다는 사실을 주목해야 한다.

앞서 위험 편에서 기댓값을 논하며, 확률적 사건이 반복을 통해 결정론적으로 바뀐다는 사실을 살펴봤다. 카지노에서 거금을 따는 도박꾼이 간혹 나오지만, 전체적으론 언제나 카지노 쪽으로 기운 확률 덕분에 늘 카지노가 이긴다. 대규모 사회 공학에도 같은 원리가 작용한다. 작전 일부만 성공해도 그로 인한 이득이 충분히 크다면 전체적으로는 이런 짓을 계속 할 만하다.

장 초반에 다뤘던 트위터 계정 탈취 사건을 보자. 해커들은 저명인사 계정에 접근해 사람들에게 비트코인을 보내라고 유도했다. 탈취당한 계정 중엔 수백만 팔로워도 있어서 사기성 트윗이 더욱 빠르게 퍼졌을 것이다. 물론 그 트윗을 본 다수는 해킹당한 것을 눈치챘거나, 적어도 트위터가 계정을 복구하고 트윗을 삭제하기 전까지는 섣불리 비트코인을 보내진 않았을 것이다. 그러나 해커의 속내는 모두를 속이려는 게 아니라, 작전 수행이 값어치가 있을 만큼만 걸려들게 하는 데 있었다. 실제로 사건이 종결될 무렵에는 수십만 달러의 수익이 발생했을 만큼 많은 이들이 해커들에게 비트코인을 송금한 것으로 밝혀졌다. 이것이 바로 대규모 소셜 엔지니어링의 위력이다.

간단한 실수를 놓치지 마라

수년 전, 나는 동료 해커 피터 김과 협력하여 데이터 시스템에서 가장 빈번하게 발생하지만 쉽게 간과되는 인적 오류인 '오타'를 활용한 실험을 수행하고 그 결과를 발표한 바 있다. 우리는 이메일을 주고받는 사람들이 메일 주소를 종종 잘못 입력한다는 점에 주목했다. 특히 도메인 부분을 틀리면 이메일이 의도치 않은 곳으로 전송되곤 했다.

가령 fakecompany.com 사내 메일을 쓰는 이가 바쁘고 부주의하다면 메일 끝자락을 fakecompany.co나 fakecompny.com 등으로 적을 수 있다. 이런 실수를 예상하고 해당 도메인을 미리 등록해 두면 그 도메인으로 발송된 모든 메일을 받아볼 수 있다. 보낸 사람이 오타를 발견하지 않는 한 눈치챌 방법이 없다. 우리는 이런 접근법을 취해 수많은 '도플갱어 도메인'을 등록했고, 그 결과 포춘 500대 기업에서 발송된 수천 통의 이메일을 수신했고, 이를 정리한 보고서를 발표하기도 했다.

이 기술은 여러 흥미로운 방식으로 활용돼왔다. 2000년대 중반, 크리스토퍼 람파렐로라는 이는 기독교 복음주의 설교자 제리 팔웰Jerry Falwell의 성을 잘못 입력하는 이들이 있으리라 예상하고 www.fallwell.com 도메인을 챙겨 팔웰의 추종자들을 유인하고 그의 일부 견해를 비판하는 데 사용했다. 좀 더 최근의 재미난 일화로는 2018년 루디 줄리아니가 트윗에서 두 문장 사이 띄어쓰기를 빼먹어 'G-20.In'이 링크로 인식된 사례가 있다. 애리조나의 한 웹 개발자는 재빨리 그 도메인을 등록해 비판적 메시지를 담은 웹 사이트를 만들었다.

우리 모두 이런 실수를 저지르기 쉽다. 신용카드가 복제된 친구가 있었는데 몇 달 동안 눈치채지 못했다. 그 친구는 주로 아마존에서 그 카드를 썼는데, 명세서엔 구매 제품의 세부 정보 없이 "아마존"이라고만 표시되었기 때문이다. 복제범 역시 주로 아마존에서 카드를 사용했고, 친구는 명세서를 대충 훑다가 아마존 거래가 많으면 늘 그렇듯 자기 구매 내역이겠거니 여겼던 것이다. 연말에야 청구액이 예상보다 2만 달러나 많은 것을 보고 돈이 한 푼도 남지 않았음을 알아챘다. 명세서를 좀 더 꼼꼼히 살폈더라면 도둑이 수천 달러를 훔쳐가는 것을 더 일찍 막을 수 있었을 것이다.

좋든 싫든, 사람들이 인식하든 못하든 간에 단순한 실수를 저지르는 건 인간의 보편적 속성이다. 특히 우리는 이런 실수에 대해 늘 과소평가하고, 실수를 저질러도 그 영향을 축소하려는 경향이 있어 쉽게 악용될 수 있는 지점이다. 자존심, 당혹감, 자기 확신이 뒤섞여 빚어진 인간 본연의 약점인 셈이니, 해커의 사고방식으로 접근하면 이용할 수도 있는 대목이다.

피터와 내가 이 보고서를 쓸 당시 우리가 저명 기업들로부터 받은 민감한 이메일이 얼마나 되는지 상상이나 할 수 있겠는가? 보고서 발표 후에도 대부분은 불신했다. 기밀을 그렇게 부주의하게 다룰 리 없다는 것이었다. 하지만 현실은 다르다. 실제로 그런 일은 빈번히 발생하고 있으며, 우리는 그런 순간을 놓치지 않고 유리하게 활용할 수 있다.

침투의 기술: 내부 그룹의 인정을 받아라

이 원리의 마지막 포인트는 침투의 원칙, 즉 시스템에 영향을 미치려면 종종 그 시스템의 일부가 되어야 한다는 것이다.

자신을 시스템 일부로 만드는 방법은 다양하다. 해커들이 즐겨 쓰는 기법 중 하나는 "양말 인형 Sock Puppet"을 활용하는 것인데,

이는 특정 그룹이나 커뮤니티에 침투하기 위해 소셜미디어 플랫폼에 생성한 위장 계정을 의미한다. 링크드인에 가상의 이름과 직업, 학력을 갖춘 프로필을 만드는 건 식은 죽 먹기다. 그리고 침투 대상의 게시물에 '좋아요'를 남기기만 하면 된다. 검색 기능을 이용해 특정 회사 직원이나 특정 직책을 노릴 수도 있다. 상대 포스트에 '좋아요'를 누를 때마다 당신의 가짜 ID가 상대의 눈에 띄기 시작한다. 그러면서 상대는 당신에게 호감을 갖기 시작한다. 어느새 그들과 연결되어 메시지를 주고받게 되고, 나를 점점 더 신뢰하게 된다. 그렇게 결국 원하는 정보를 손에 넣기에 최적 위치를 선점하게 된다. 익숙한 얘기 아닌가? 상대를 속여 사랑에 빠지게 하는 게 아니라는 점만 빼면 '캣피싱'(Catfishing, SNS 등에서 가짜 정체성을 만들어 상대방과 허위 관계를 맺고 주로 금전이나 감정을 갈취하는 사기 행위—옮긴이)과 거의 같은 기법이다.

이는 해커가 시스템 침투를 통해 목표 정보에 접근하는 한 방법이다. 물론 몸소 잠입하는 방법도 있다. 앞부분에서 노동자로 가장해 건물에 침입하는 수법을 언급했다. 이 역시 침투의 한 형태인데, 경비원이 내가 자기 '그룹'(건물 출입이 허가된 사람들)에 속한다고 여기게 만들기 때문이다. 민감한 정보가 담긴 휴지통을 뒤지려고 청소부 차림을 하는 경우도 있다(매우 흔한 일이다). 어느 그룹에 속한 척하는 것은 그 집단 내에서 원하는 걸 얻는 데 언제나 도움이 된다.

이 개념을 전혀 다른 영역에 적용해보자. 당신이 사무실의 신임 관리자인데 업무 방식을 개선할 멋진 아이디어가 있다고 해보자. 모두에게 특정 방식으로 일하라고 돌연 강요한다면 아무것도 얻지 못할 것이다. 사람들은 새로운 규칙을 들이미는 외부자에겐 본능적으로 저항하는 법이니까. 하지만 시간을 들여 팀원들과 소통하고 그들 사이에서 동료로 받아들여진다면 당신이 도입하려는 변화를 훨씬 더 쉽게 받아들일 것이다. 우리 대부분은 이미 이런 사회적 침투술에 익숙하다. 모임이나 저녁 식사에 참석할 때, 새로운 사람들을 만날 때면 본능적으로 새로운 무리에 스며들고 자신을 맞추려 한다.

이러한 능력이 가장 뛰어난 이들은 흔히 군인 자녀들이다. 이들은 매년 학교를 옮겨 다녀야 하므로 새로운 집단에 신속히 적응하는 법을 터득해야만 한다. 이런 배경은 분명 이점이 되겠지만, 침투에 필요한 사교술은 결국 우리 모두에게 필수적인 재능이다.

나는 군인 자녀로 자라지는 않았지만 어릴 때부터 사교 모임에 비집고 들어가기를 즐겼다. 고교 시절 스케이트장 하프파이프에서 묘기를 부리거나 학교 창고 뒤편에서 담배를 피우던 멋진 스케이터들이 내 친구였다. 나도 그들과 어울리고 싶었지만 담배를 안 피웠고 스케이트도 탈 줄 몰랐다. 그래서 어떻게 했을까? 그냥 창고 뒤 흡연 구역에서 어슬렁거리기 시작했다. 담배는 피우지 않았지만, 그저 그곳에 있는 것만으로도 스케이터들과 같은 공간에서 어울리고 있다는 느낌을 받고 싶었다. 똑같이 행동할 필요는 없었지만, 같은 장소에 있는 것만으로도 그 무리에 스며들 기회가 생겼고 그중 여럿이 내 친구가 되었다.

　침투 전략이든, 대규모 사회 공학이든 혹은 직접적인 대인 접근이든 모든 기법의 근간은 인간에게 항상 존재하는 맹점, 편견 그리고 선입견에 있다. 해커 사고방식을 사회 공학 맥락에 적용하면 이러한 취약점들을 식별하고 전략적으로 활용할 수 있게 된다.

9

피벗의 기술:
기회를 포착하고 방향 전환하기

마지막으로 강조하고 싶은 해커 원칙은 변화무쌍한 환경에 적응하고 뜻밖의 상황을 최대한 이용하는 것이다. 난관에 봉착하면 아무리 훌륭한 계획이었더라도 다시 세워야 한다. 예기치 못한 역경에 부딪히면 낙담하고 포기하는 이들이 많지만, 관건은 그다음이다. 해커의 본질은 문제에 직면하여 방향을 전환할 뿐만 아니라, 종종 예상치 못한 상황을 활용하여 원래의 목표를 더욱 효과적으로 달성하는 데 있다. 계획과 실행을 오가는 해커의 사고방식을 상징하는 진자를 떠올려보자. '해커의 피벗 법칙'은 이 진자가 실제 작동하는 방식을 잘 보여준다.

예측 불가능한 상황을 활용하는 핵심은 과정의 각 국면이 지닌 가치를 인식하는 것이다. 흔히 어떤 시도가 방법과 목표로만 이뤄져 있고, 방법은 목적을 위한 수단에 불과하다고 생각하기 쉽다. 그러나 실제로는 목표 달성 과정 속에 본래의 목표를 달성하는 데 보탬이 되는 이점이나 도구 혹은 다른 목표 성취에 도움이 되는 여러 요소가 숨어 있는 경우가 비일비재하다. 과정에서 얻어지는 다양한 이점을 어떻게 활용할 수 있는지 식별하는 능력이 해커와 일반인을 구분 짓는 핵심 요소이다.

대표적인 사례로 대형 유통업체를 해킹하려는 해커를 들 수 있다. 민감한 기업 정보에 직접 침투하려 한다면 철저한 방어망 때문에 성공하기 쉽지 않다. 내부 시스템 침투를 여러 번 시도하다가 결국 매장 금전등록기 하나를 해킹하는 데 그쳤다. 그렇다면 실패한 걸까? 천만의 말씀!

금전등록기 해킹이 본래 목표는 아니었지만, 그것이 다른 시스템과 같은 네트워크로 연결돼 있어 해커로서는 이 신뢰도 높은 지점에서 추가 공격을 감행할 '발판'으로 활용할 수 있다. 그러니 노련한 해커라면 이를 실패가 아닌 성공을 향한 디딤돌로 여길 것이다. 해커들은 이를 '피보팅'(Pivoting, 원래 스타트업이나 기업이 기존의 사업 모델이나 전략에서 크게 방향을 전환하는 것을 일컫는 말이다. 이를테면 온라인 결제 서비스로 출발한 페이팔이 점차 종합 금융 서비스 회사로 변모한 것이 대표적인 피보팅 사례로 꼽는다. 여기서는 해킹 과정에서 이미 확보한 시스템이나 정보를 발판으로 삼아 공격 대상을 바꾸거나 공격 방식을 변경함으로써 새로운 침투 경로를 열어가는 기법을 말한다—옮긴이)이라 부르는데, 지금까지 이룬 성과의 가치를 인지하고 이를 바탕으로 목표를 향해 방향을 '선회'(旋回)하는 것을 말한다.

더하기, 빼기, 곱하기

'더하기, 빼기, 곱하기'는 기존 성과를 토대로 전략을 전환하고 발전시키며 최적화하는 종합적 접근법이다. 이는 프로젝트의 과거와 현재 방식을 검토하여, 효과적인 요소와 비효율적인 부분을 파악하고 프로세스를 개선하는 체계적인 방법론이다.

요리와 비슷하다. 스튜를 끓이다 중간에 맛을 본다고 치자. 싱거우면 소금이나 양념을 더해야겠다고 판단할 수 있다. 혹은 너무 짜다 싶으면, 넣은 소금을 빼내긴 어렵겠지만 다음에는 소금을 덜 넣으면 그만이다.

또 몇 시간을 끓였는데도 재료 분량에 비해 양이 예상보다 훨씬 적게 나왔다면, 다음번엔 재료를 더 넉넉히 써야 함을 기억할 것이다. 매번 경험에서 배우고 그에 맞춰 접근법을 조정하는 것이다. 피벗의 본질은 현재 상황에서 추가 요소(덧셈), 제거 요소(뺄셈), 확장 요소(곱셈)를 정확히 파악하는 데 있다.

내가 사이버 보안 요원으로 일하던 시절의 예를 들어보겠다. 우리 팀은 모든 시스템을 클라우드 기반으로 운영하는, 사실상 인터넷에 연결된 한 회사의 IT 환경 보안을 테스트하고 있었다. 무단 웹 트래픽을 차단하는 방화벽이 있어 내부 시스템으로 간주됐지만, 본질적으로는 약간의 제약만 있는 공용 시스템이었다. 우리 임무는 이 시스템이 사이버 공격에 버틸지 확인하는 것이었다.

사내에서 시스템을 광범위하게 테스트한 덕분에 시스템 작동 방식과 취약점을 훤히 파악할 수 있었다. 시스템을 마비시킬 강력한 공격 계획도 세웠다. 하지만 문제가 하나 있었다. 그건 회사 안에서만 먹힌다는 것이었다. 외부 공격자는 방화벽 때문에 작전을 실행할 수 없었다. 공격 계획 그 자체로는 아주 훌륭했지만, 방화벽을 뚫을 묘안이 없었다. 그래서 계획에 뭔가 요소를 더해야만 했다. 마침내 웹 요청 헤더에 손을 좀 봐서, 방화벽이 그 요청을 신뢰할 만한 내부 IP에서 온 것으로 착각하게 만들 수 있겠다는 아이디어를 떠올렸다. 그렇게 방화벽을 속여 공격에 성공했고, 외부 인터넷에서도 기밀이 보관된 내부 시스템에 침투할 수 있었다(예를 들어 친구 집에 놀러 갔는데 친구 엄마가 못 들어오게 한다고 해보자. 그런데 옆집 아주머니한테 부탁받고 왔다고 말하면 어쩔 수 없이 들여보내 줄 수 있다. 이런 식으로 방화벽을 속였다는 말이다—옮긴이).

성공의 비결은 한 발 물러서서 겉보기엔 실행 불가능한 이 계획을 어떻게 바꿀 수 있을지 고민하는 것이었다. 이런 사고방식은 모든 영역에 적용될 수 있다. 온라인 광고 캠페인을 진행 중이며, 디지털 환경의 특성상 다양한 광고 채널의 성과를 정확히 측정할 수 있다고 가정해보자. 여러 웹사이트에 띄운 배너광고는 별로 효과가 없는 반면 이메일 광고는 대성공이라는 걸 알아냈다. 이 경우

마케팅 전략 전반에서 웹 배너를 빼고 이메일 광고에 주력하는 쪽으로 선회할 수 있다.

또 다른 예로, 신생 기업을 위해 크라우드 펀딩을 시도하는 중이라고 해보자. SNS로 입소문을 내고, 여러 인플루언서에게 접촉해 협업을 제안하며, 이메일 명단을 총동원해 캠페인을 전개, 상당한 모금액을 끌어모았다. 하지만 목표액까지는 여전히 1만 달러가 부족하다. 이때는 지금까지 해온 일을 살펴 무엇이 빠졌는지, 그 차액을 채우려면 어떤 것을 보태야 할지 파악해야 한다. 목표 달성에 도움을 줄 투자자를 물색하는 게 한 방법일 수 있다.

세 번째로, 소규모 사업을 잘 운영해 적정한 수익을 내고 있지만, 그 규모에 한계가 있음을 알았다고 치자. 여기서 피벗은 현재 잘되는 부분을 증폭해 비즈니스를 한 단계 도약시키는 형태로 나타난다. 피벗의 '곱하기' 전략은 현재 수행 중인 활동의 규모를 확대하는 것을 의미한다. 뭘 해야 할지 감이 안 잡힐 때 이는 좋은 전략이 될 수 있다. 작은 테스트로 이것저것 시도해보고 먹히는 전략을 발견 후 확대하면 된다.

핵심은 한발 뒤로 물러나 지금 하고 있는 일을 돌아보고 다음 세 가지 간단한 질문으로 개선점을 모색하는 능력에 있다.

무엇을 더할 수 있을까?

무엇을 뺄 수 있을까?

무엇을 배가할 수 있을까?

피벗 방안을 궁리할 땐 시야를 넓게 가져야 한다. 주력하던 분야가 아닌 다른 영역과 관련될 수도 있기 때문이다. 리버스 엔지니어링을 논하며 우리는 사람, 프로세스, 기술이라는 렌즈로 사물을 바라보는 방법을 알아보았다. 가령, 기술은 제대로 갖췄으나 프로세스 측면에서 개선이 필요함을 발견할 수 있다.

피벗은 기존 방식을 고수하기보다는 이미 세운 토대 위에서 접근법에 변화를 주도록 한다. 이 해커 법칙 적용 과정은 대부분 더하고, 빼고, 늘리고, 섞어서 다시 시도하는 것으로 귀결된다. 계획대로 되지 않았다고 패한 게 아니다. 종종 별것 아닌 변형으로도 성공으로 향하는 길이 열리곤 한다.

점 연결하기: 유연한 사고의 힘

지금까지는 계획이 어긋나 목표 달성에 실패하는 상황과 관련해 피벗에 대해 얘기했다. 그러나 해커들은 애초에 피벗 자체를 계획에 포함시키는 경우가 많다. 해커가 목표에 도달할 수 있는 공격 경로는 다양한 법인데, 작업을 진행하다 보면 처음엔 보이지 않던 기회가 생길 수 있기 때문이다.

해커의 시작점과 끝에는 해킹 대상 시스템이 있고, 그사이에는 무수한 공격 지점과 기회의 점들이 놓여 있다. 관건은 해커가 최종 목표에 닿을 수 있는 성공적인 공격 경로를 찾아낼 때까지 얼마나 많은 점을 잇느냐다. 매장 금전등록기를 해킹해 유통업체 내부

망에 침투하는 방법에 대해 언급한 것을 떠올려보라. 사실 금전등록기는 네트워크의 핵심 시스템보다 보안이 취약해 애당초 공략하기 좋은 표적이다. 병원 역시 안타깝게도 보안성이 떨어지는 전광판이나 순번 대기 시스템을 광범위한 네트워크에 연결해두는 바람에 이런 면에서 악명이 높다. 해커는 이런 허술한 지점을 뚫으면 전체 시스템을 장악할 수 있음을 안다.

이런 변형으로는 '워터홀 공격'이 있다. 특정 시스템을 노리는 해커가 사용자들이 자주 드나드는 여러 웹사이트를 해킹해 사용자 PC를 감염시킴으로써 목표에 다가서는 기법이다.

모든 전략의 근간에는 시스템의 취약한 고리를 공략해 최종 목표에 근접할 수 있다는 확신과, 그 결과를 활용해 방향을 전환하는 능력이 있다.

화창한 주말 오후, 운전 중인 당신의 차가 갑자기 제멋대로 움직이기 시작한다고 해보자. 먼저 라디오가 저절로 채널을 바꾸고, 에어컨이 켜지더니, 계기판에는 변속기 통제력을 상실했다는 경고가 표시된다. 악몽 같은 상황이 아닐 수 없다. 이것은 실제로 일어난 일이다. 비윤리적 해커들이 점과 점을 잇는 접근법의 한계를 시험해본 결과였다.

범인은 찰리 밀러와 크리스 밸러섹. 이들이 지프 체로키의 인포테인먼트 및 내비게이션 시스템을 조사하다가, 이 시스템이 인터넷에 연결되어 있어 관련 IP 주소와 포트만 알면 누구든 원격으로 접속할 수 있다는 사실을 발견하면서 모든 것이 시작되었다.

이런 접근법이 어떻게 통하는지 보여주는 또 다른 사례가 안나 소로킨이다. 몇 년 전 뉴욕의 여러 은행과 호텔, 상류층을 상대로 자신이 독일 귀족 애나 델비Anna Delvey라고 속여 사기 스캔을 벌였던 그 여자 말이다. 최근 넷플릭스에서 그녀에 관한 시리즈를 제작할 정도로 흥미로운 얘기였다(《애나 만들기Inventing Anna》라는 제목으로 22년 2월에 9부작 드라마로 오픈했다—옮긴이). 그녀의 사례에서 내 눈길을 끈 건 한 국면에서 다음 국면으로 옮겨 가는 방식이었다. 막대한 유산을 물려받은 귀족으로 위장한 그녀는 뉴욕의 각종 부촌과 어울리며, 실제 자금은 바닥났음에도 이런 인맥과 관계를 이용해 자신의 스토리에 신빙성을 더하고 사치스러운 생활을 이어 나갔다.

물론 결국 모든 게 무너졌고(그녀는 현재 감옥에 있다), 나는 그녀의 대규모 사기극을 옹호하지는 않는다. 다만 그녀의 이야기는 해커의 피벗 원칙과 사회 공학이 사회적 맥락에서 어떻게 작동하는지 잘 보여주는 사례로서 주목할 만하다. 핵심은 과정에서 주어지는 모든 것을 최대한 활용하는 데 있다. 처음부터 목표까지의 경로가 명확하지 않을 수 있다. 하지만 여정을 따라가며 마주치는 다양한 기회와 가능성을 열어두고 적절한 시기에 포착할 수 있다면 충분하다.

여기서 유념할 점은 점과 점을 연결해 길을 찾는 것이 목표 달성의 강력한 방법일 수는 있어도, 그럴 만한 가치가 있는지 늘 짚어봐야 한다는 사실이다.

앞 장에서 우리는 피싱, 스미싱, 프리텍스팅 같은 대규모 사회 공학 전략을 살펴봤다. 이들은 모두 그물을 널리 펼쳐 원하는 접근 권한을 낚아채는 기법이다. 획득한 정보에서 원하는 정보로 옮겨 가려면 일련의 피벗이 거의 필연적이다.

하지만 이런 광역 사회 공학 공격과 대조되는 방식도 있다. 바로 '스피어 피싱'이다. 넓게 뿌리는 무차별 공격과 달리 스피어 피싱은 염두에 둔 권한을 쥔 특정 사용자를 정조준한다.

두 기법 모두 일장일단이 있으니 보다 효율적인 쪽을 선택해야 한다. 최종 목표에 다다르려면 너무 많은 피벗이 필요해 그 가치를 상쇄한다면 스피어 피싱이 더 나은 대안일 수 있다. 초기에는 더 많은 노력이 필요하지만 피벗에 드는 노력이 적기 때문에 그만한 가치가 있다.

요점은 언제나 실용적 관점을 유지해야 한다는 것이다. 점들을 잇고 줄줄이 피벗해 목표에 이르는 건 분명 훌륭한 전술이다. 그러나 그것이 당면한 국면에 꼭 들어맞는 방식인지 자문해야 한다.

기회의 연쇄반응:
피벗 전략으로 성공 경로 만들기

대규모 소셜 엔지니어링 공격의 목표는 시스템 접근 권한을 확보하는 것이지만, 대규모 전략의 속성상 정확히 어떤 종류의 권한을 손에 넣을지 확신하긴 어렵다. 그러니 해커에게 성공의 열쇠는 어떤 접근 권한이든 일단 획득한 뒤 거기서 발견한 모든 기회를 활용하는 데 있다. 해커는 그 기회가 무엇일지 짐작하기 힘들기에 주어진 모든 것을 민첩하게 써먹어야 한다. 이것이 해커식 피벗의 핵심이며, 컴퓨터 해킹뿐 아니라 다른 모든 영역에서도 마찬가지다.

성공한 기업가와 사업주는 목표를 좇는 길에 닥친 기회를 움켜쥐려 방향을 바꾼다. 세일즈맨을 예로 들어보자. 영업의 상당 부분은 잠재 고객이 기꺼이 지갑을 열도록 만드는 일이다. 영업사원은 뭘 팔든 그것을 사면 누릴 혜택을 설파하느라 혼신을 다하지만, 그런 뒤 방향을 트는 것이 보통과 최고를 나누는 분수령이다. 그들은 고객이 돈을 쓰게 하려고 온 힘을 쏟아부었다. 이제 고객이 '구매 모드'로 진입했으니 애초 구상보다 더 팔아 치워야 할 때다. "어머, 이 TV 사시는 김에 스탠드랑 사운드바도 곁들이시는 게 어떨까요?" 혹은 "이 TV가 맘에 드시는 것 같은데, 약간 보태서 더 좋은 버전을 사는 건 어떠세요?"라고 꼬드긴다. 교차 판매와 추가 판매의 비결은 고객이 구매 결정을 내리도록 끌어당겨놓고 지금까지 닦아놓은 기반을 총동원해 밀어붙이는 데 있다.

기회가 왔을 때 그것을 붙잡아 자신의 경력을 지속해서 진화시킨 훌륭한 사례로 유명 유튜버이자 의사인 알리 압달Ali Abdaal을 들 수 있다. 의사로 출발한 그는 여러 의사 시험을 준비하고 통과한 경험을 살려 다른 이들이 의사 시험을 합격할 수 있도록 길

잡이하기로 마음먹고 유튜브를 시작했고, 나중엔 이 목적으로 "6med"라는 회사까지 차렸다.

결국 그는 인플루언서이자 기업가로서 자신의 커리어에 집중하기 위해 의사를 그만둔다. 그런데 특히 흥미로운 대목은 유튜브에서 경력을 일군 후 이 경험을 디딤돌 삼아 다른 사람들에게 SNS로 커리어를 쌓는 법을 가르치기 시작했다는 점이다. 어떤 목표를 위해 기술을 연마할 때마다 본래 염두에 둔 목표에만 매달리기보다 그 기술을 다른 이들과 나누며 자신의 경력을 발전시키기로 작정한 듯하다. 그리고 이는 그에게 분명 효과 만점이었다.

개인에게 가장 이로운 목표는 반드시 초기에 설정한 목표와 일치할 필요가 없다. 다양한 기회가 어디로 인도할지 간파하고 그것을 잡아채려 준비하는 것 역시 이 해커 법칙을 삶에 적용하는 데 있어 없어서는 안 되는 부분이다.

이런 접근법은 경력을 설계할 때도 큰 도움이 된다. 어떤 회사에서 희망하는 자리가 있을 때 곧바로 지원하는 것은 매우 어려울 수 있다. 하지만 그 회사의 다른 직책으로 먼저 진입한다면, 일단 입사한 후 조직 내 이동은 훨씬 수월해진다. 먼저 문간방 하나 차지한 다음 원하는 자리로 가는 동안 어떤 기회가 있나 살피는 게 애당초 정면돌파하는 것보다 한결 더 실현 가능성 높은 전략일 수 있다.

기업가이자 벤처 투자자인 크리스 사카가 떠오른다. 경력 초반 그는 구글에서 사내 변호사로 일하며 고위급 회의의 회의록 작성을 자주 자원했다. 회의 참석을 통해 수뇌부를 만날 기회를 얻었고, 이렇게 쌓은 인맥을 자신의 경력 개발에 활용할 수 있었다. 결국에는 진로를 전환해 투자 업계로 진출했고, 여러 테크 기업에 투자하면서 구글에서의 경험을 또다시 발판으로 삼았다.

나 자신의 이력도 피벗을 행동으로 옮긴 좋은 본보기다. 화이트햇 해커로 활동하며 해커들이 원하는 것, 그들의 일상에서 난제가 무엇인지에 관해 엄청난 통찰을 얻었다. 창업할 때는 이 지식을 이용해 사이버 보안업 종사자들의 니즈를 정확히 공략할 수 있었고, 이게 성공의 열쇠가 되었다.

목표를 향한 여정에서 축적되는 다양한 경험, 정보, 기회를 인식하고 활용하는 것이 피벗의 해커 원칙이다. 본래 목표를 성취하든 방향을 틀어 더 높은 곳을 노리든 그 기회를 최대한 이용해야 한다.

3부

인생 해킹 실전 가이드

10

5단계 해킹 방법론 마스터하기

지금까지 해커의 특성과 원칙을 살펴보았으므로, 이를 종합하여 체계적이고 효율적으로 적용할 전략을 탐구해보자. 이것이 바로 '해커 방법론', 즉 해커의 특징과 법칙을 이용해 목표에 도달하는 과정이다.

구조적으로는 과학적 방법과 유사하다. 가설을 세우고 검증하기 위해 단계를 밟아가며 반복을 통해 이론의 타당성을 확인하고 다듬어가는 것처럼, 해커 방법론은 목표를 설정하고 그것을 달성하기 위해 단계적으로 전진한다.

해커 방법론은 순환적이고 반복적이어서 목표 달성과 경로 최적화 측면에서 지속적인 개선이 가능하다는 장점이 있다. 여기서

해커 방법론

핵심은 '방법', 즉 목표를 향해 단계를 밟아나가는 체계적인 절차다. 이제 해커 방법론의 5단계를 자세히 살펴보자.

1단계: 목표

원하는 것을 분명히 아는 것, 그것이야말로 언제나 첫걸음이다. 그래서 목표 설정이 해커 방법론의 첫 번째 단계다. 당연하게도 목표를 좇기 전에 목표가 무엇인지 알아야 한다. 앞 장에서 지적했듯 원하는 걸 아는 것은 작은 일이 아니다.

목표의 정확한 윤곽을 그리는 것은 전체 과정의 절반을 차지한다. 방법론을 따라가다 목표가 진정 원하는 것과 다르다는 것을 뒤늦게 깨닫는다면 모든 노력이 허사가 될 수 있다. 그러므로 시작 단계에서 목표를 제대로 정립하는 데 충분한 시간을 투자하는 것이 현명하다. 분명한 목표를 가지고 매진하는 것이 막연히 앞으로 나아가며 해결책을 찾으려 하는 것보다 항상 더 큰 성과를 낸다.

이 단계에서 유념할 해커의 원칙은 '공격성'과 '위험 감수'다. 공격성은 우리가 달성할 수 있는 목표의 범위를 결정할 때 작용한다. 많은 사람이 목표를 세우면서 소심해지고 움츠러든다. 하지만 우리의 역량은 처음 상상했던 것보다 훨씬 더 클 때가 많다.

가령 연봉 6자리(10만 불 이상을 의미하며, 우리 기준으로는 1억 5천만 원 정도의 연봉—옮긴이)를 목표로 잡았다 치자. 그 목표에 시선이 고정되면 마음도 그 규모에 머물게 된다. 물론 7자리 수 연봉이 6자리보다 언제나 낫다. 알다시피 10만 달러와 100만 달러의 격차는 어마어마하다. 당신에겐 100만 달러에 이를 능력이 충분히 있을지 모른다. 그러나 목표를 낮게 잡아 뒀다면 그런 가능성을 '아예 생각조차 못 할' 공산이 크다. 우리 뇌는 세운 목표에 맞춰 조율되기 때문이다. 더 높은 목표를 품으면 낮은 목표를 세웠을 때와는 사뭇 다른 사고를 하게 된다. 겸손한 목표로 자신을 가두지 말라. 목표 설정에 있어 공격적으로 임하면 달성 범위가 넓어지고 최대한 원대한 비전을 설계할 수 있다.

동시에 우리는 목표 면에서 현실적이어야 한다. 이때 위험 요소를 고려해야 한다. 한계에 개의치 않고 무엇을 이룰 수 있을지 자문한 후 과연 어떤 목표가 진정 추구할 만한 가치가 있는지, 어떤 목표가 가장 의미 있는 보상을 줄지, 어떤 목표는 노력 대비 보잘것없는 결실만 내놓을지 따져봐야 한다. 위험을 가늠할 때 핵심인 노력과 보상의 균형을 유지하면 개인에게 가장 값진 목표에 도달하는 데 도움이 된다.

워런 버핏은 '5/25 법칙'으로 유명하다. 한 항공사 기장이 그에게 인생의 모든 목표를 어떻게 성취하는지 물었다. 버핏은 25개의 직업적 목표를 적고 그중 가장 중요한 5개에 동그라미를 치라고 일렀다. 그러면 우선순위가 가장 높은 5개 목표와 우선순위가 낮은 20개 목표, 두 가지 목록이 생긴다. 결정적으로, 그는 후자는 무시하고 전자에만 집중하라고 했다. 5/25 법칙이 효과적인 이유는 우리가 모든 것을 다 해낼 순 없다는 현실을 인정하고, 덜 중요한 것들을 솎아내 최우선 목표에 매진할 수 있게 해주기 때문이다. 그래야 실제로 가장 갈망하는 목표에 닿을 여력이 생긴다.

좀 더 넓게 보면, 일에 파묻혀 숨 막히지 않게 하는 것도 중요하다. 자신의 한계까지 밀어붙이는 게 어떤 이들에겐 매력적일지 모르나 실상 좋은 전략은 아니다. 삶에는 늘 예기치 못한 일이 생기기 마련이므로 목표를 해치지 않으면서도 그것들을 처리할 여유를 남겨둬야 한다. 이를 담보하는 유일한 방법은 목표 달성에 모든 시간을 쏟아붓지 않고, 필요시 다른 일에 시간을 투자할 수 있게끔 하는 것이다.

여기서 목표의 범위를 생각해보자. 한 발 물러서서 장기적 관점에서 바라보는 것은 해커의 주요 특징 중 하나다. 컴퓨터 시스템을 뚫으려는 블랙햇 해커는 수년에 걸쳐 네트워크 접속을 유지하며 최적의 공격 시기를 노린다. 그러니 이를 막으려는 화이트햇 역시 장기적 시야를 지녀야만 정상에 설 수 있다.

거시적 관점을 놓치지 않는 것은 튼튼하고 지속 가능한 성공을 거두는 데 있어 필수 요소다. 일시적으로 어떤 목표에 다다랐다가 다시 원점으로 돌아간다면 아무 소용이 없다. 안타깝게도 우리는 당장의 만족을 최고로 여기고 장기적인 영향에 대해서는 별 생각 없이 다음 도파민을 끊임없이 갈구하는 단기 사고에 중독된 시대를 살고 있다. 지속 가능한 성취를 이루려면 이를 뛰어넘어 목표를 그릴 때 장기적 관점에서 생각해야 한다.

마지막으로 해커 방법론은 되풀이된다는 사실을 명심하라. 이 장 후반부에서 좀 더 상세히 다루겠지만, 이는 작은 목표들을 통합해 거시적인 목표로 발전시킬 수 있음을 뜻한다. 따라서 목표 설정과도 연관이 있다. 궁극적인 목표를 이루기 위해 때로는 단기적인 목표가 필요할 수도 있다. 작은 목표들이 주요 목표로 가는 디딤돌이 될 수 있으니, 주저하지 말고 설정하라.

이 모든 걸 염두에 두고, 당신이 성취하고자 하는 목표는 무엇인가? 그것을 알고 나면 정찰 단계에 돌입할 수 있다.

2단계: 정찰

고대 로마 시대에 유래된 속담이 있다. "승리는 준비를 좋아한다"(Amat victoria curam, 아마트 빅토리아 쿠람). 줄리어스 시저가 공화정을 제국으로 탈바꿈시키기 직전, 로마 공화정 전성기에 나온 말이다. 또한 이는 해커 방법론 2단계, 즉 '정찰'을 함축하는 격언이 기도 하다.

목표가 설정됐다면 이제 그 목표를 달성하기 위한 정보 수집에 나설 때다. 해커 방법론의 정찰 단계에 이르면 목표 성취에 필요한 것이 무엇인지 가늠하기 시작한다. 이 과정에서는 리버스 엔지니어링 기법을 폭넓게 활용하게 되는데, 시스템을 분석하면 작동 원리와 조작 방법에 대한 풍부한 정보를 얻을 수 있기 때문이다. 리버스 엔지니어링에서 살펴본 것처럼, 사람·프로세스·기술PPT이 라는 렌즈로 과제를 조명하고 관련된 다양한 구성 요소를 식별하여 목표 달성 방안을 모색해야 한다.

또 다른 중요한 적용 원칙은 "현실에 기반한 접근"이다. 오픈소스 소프트웨어 프로젝트와 같이 누구나 쓸 수 있는 자원에 대해 언급했지만, 이는 실제 활용 가능한 자원의 극히 일부에 불과하다.

사실 온오프라인 할 것 없이 수많은 이들이 지식을 모으고 있다. 정찰 단계의 상당 부분은 이런 정보를 확보하는 것이다. 여기선 원하는 정보를 얼마나 쉽게 구할 수 있을지 염두에 두고 적극적으로 지식을 축적해야 한다. 목표를 마음에 품고 밖으로 나가 질문을 쏟아내기만 하면 된다. 비슷한 목표를 이룬 사람이나 기업 중 롤모델로 삼을 만한 이가 있는가? 그렇다면 그들은 무엇을 했고 어떤 자원을 이용했을까? 목표와 연관된 상품의 소비자인가? 그렇다면 경험에서 얻은 통찰을 목표 달성에 적용할 수 있을까?

5장에선 마이클 델이 애플 컴퓨터를 어떻게 리버스 엔지니어링해 결국 델 컴퓨터를 세웠는지 살펴봤다. 그는 평범한 컴퓨터 사용자로 출발했지만, 제품에 대한 깊은 이해를 발판 삼아 성공한 사업가가 되었다.

필요한 정보를 얼마나 쉽게 얻을 수 있는지 보여주기 위해 정교한 자금 이체 시스템의 제로데이 취약점을 최초로 발견했던 경험을 공유하고자 안다(제로데이 취약점이란 발견 당시 회사, 개발자, 관리자, 소프트웨어 사용자 그 누구도 몰랐던 소프트웨어의 허점을 뜻한다). 이런 취약점은 아무도 예상치 못한 공격 개발에 쓰일 수 있어 컴퓨터 해커에겐 매우 중요하다. 그러니 이를 찾아내는 건 굉장한 일이다.

위험 편에서 다룬 내용을 간단히 요약하자면, 당시에는 널리 안전하다고 여겨지던 전자 자금 이체 시스템이 있었다. 나는 이 시스템이 실제로 얼마나 안전한지 정확히 파악하기로 결심했다. 정찰을 시작했는데, 대부분의 과정은 무료로 제공되는 프로그램 설명서를 읽는 일이었다. 나는 매뉴얼을 처음부터 끝까지 꼼꼼히 읽고, 이를 개발자와 최종 사용자 등 다양한 관점에서 시스템을 분석하는 데 활용했다.

그저 설명서를 꼼꼼히 읽고 의문을 제기하는 것만으로도 그 누구도 생각지 못한 공격 지점을 포착할 수 있었고, 결국 시스템 침투에 성공했다. 앞서 '롤바스' 원칙에서 봤듯 자원은 무궁무진하다. 인터넷만큼 자원이 풍부한 곳도 없다.

인터넷에는 레딧(Reddit, 소셜 뉴스 집계 및 토론 플랫폼으로, 사용자들이 콘텐츠를 공유하고 투표하며 의견을 나누는 온라인 공간)이나 스택오버

플로(Stack Overflow, 프로그래밍과 코딩 관련 질문이나 답변을 주고받는 세계 최대 규모의 온라인 커뮤니티) 같이 궁금증을 풀어줄 전문 커뮤니티가 즐비하다. 당신도 그런 곳을 찾아봤을 것이다. 올바른 질문만 던진다면 대개는 비교적 손쉽게 답을 얻을 수 있다. 대부분은 구글 검색 몇 번이면 답이 나온다. 물론 좀 더 까다로운 질문은 간단한 해답을 구하기 어려울 수 있지만 AI 기술이 발전하면서 더욱 정교한 자원을 이용할 수 있게 되었다.

최근 코딩하던 친구가 챗GPT에 코드 문제 해결을 요청했더니 바로 해내더라는 얘기를 들었다. 이어 친구가 코드에 문제가 있다고 하자 챗GPT는 그것도 해결했다. 어느새 챗봇은 친구도 눈치채지 못한 문제를 짚어내며 해결책을 내놓고 있었다.

여기서 '진자' 개념을 다시 한번 떠올려보자. 정찰 과정에 과도하게 집중하면 전체적인 관점을 놓치기 쉽다. 이 단계의 목적은 시스템을 완벽히 이해하는 게 아니라 목표 달성임을 명심하자.

정찰은 중요한 부분이지만 전부는 아니다. 진정한 해커는 늘 계획과 실행의 균형을 취할 필요가 있음을 자각한다. 그러니 정찰은 해커 방법론의 다음 단계로 나아가기에 충분할 정도면 된다.

3단계: 분석

정찰 단계에서 수집한 광범위한 정보를 바탕으로, 이제 그 데이터를 체계적으로 분석하여 목표 달성에 어떻게 적용할 수 있을지 검토해야 한다.

여기서 강조하고 싶은 원칙은 바로 '위험'에 관한 것이다. 객관화 단계에서 우리는 이 법칙을 적용해 실질적이고 가치 있는 목표를 설정했다. 이제 정찰을 끝내고 한층 더 풍부한 지식을 갖춘 상태에서 보니, 가치 있다고 판단했던 목표의 기준이 달라졌을 수 있다.

이 단계에서 '피벗'의 원리를 상기하자. 해커가 최적의 공격 경로를 찾아내기 위해 점과 점을 잇는 과정이 바로 피벗이라고 설명했던 것을 기억하는가? 해커 방법론의 세 번째 국면에서 당신이 할 일이 바로 이 피벗이다.

목표에 이르려면 정확히 어떤 절차를 밟아야 할까? 정찰 과정에서 연구한 시스템 취약점 중 어떤 것을 이용할 수 있을까? 그런 공격 지점들을 어떤 순서로 활용해야 할까? 자기만의 공격 루트를 찾아내는 것이 분석 단계에서 핵심을 차지한다.

실제 사례를 살펴보자. 한 해커가 정찰 과정에서 목표 시스템에 두 종류의 서버가 있음을 발견했다. 하나는 조직이 실제 운영하는 '프로덕션 서버'이고, 다른 하나는 개발자들이 새로운 기능을 시험하는 '테스트 서버'다. 두 서버 모두 해커가 원하는 데이터를 보유하고 있었다. 분석 결과, 현재 가동 중인 프로덕션 서버가 테스트 서버보다 보안이 훨씬 엄격할 것으로 판단되어 테스트 서버를 공략하는 것이 유리하다는 결론을 내렸다. 이처럼 분석이란 수집한 정보를 실행 계획으로 전환하는 과정이다.

정찰 단계에서 모은 원시 데이터를 실행 가능한 계획으로 바꾸는 일은 꽤 복잡할 수 있다. 대개 이런 정보들은 체계적으로 정리되어 있지 않고 서로 다른 성격의 사실들이 산발적으로 흩어져 있기 때문이다. 이럴 때는 도표와 표를 이용해 데이터를 시각화하면 큰 도움이 된다.

시간 관리와 우선순위 설정에 유용한 도구인 '아이젠하워 매트릭스'를 활용하는 것도 좋다. 이 매트릭스는 모든 과제를 긴급성과 중요성이라는 두 가지 기준에 따라 분류한다. 이를 통해 모든 일을 '당장 해야 할 일'(긴급하고 중요함), '계획을 세워야 할 일'(긴급하진 않지만 중요함), '위임할 수 있는 일'(긴급하지만 중요하진 않음), '무시해도 되는 일'(긴급하지도, 중요하지도 않음)로 나눌 수 있다.

이런 분석이 모든 상황에 적합한 것은 아니지만, 4사분면 접근법은 데이터를 분석하기 쉬운 형태로 재구성하는 데 효과적이면서도 활용도가 높다. 예컨대 사업가 라밋 세티는 같은 원리로 '제품 수요 매트릭스'를 만들어 잠재 고객과 제품의 금전적 가치를 기준으로 자신의 회사를 평가했다. 핵심은 데이터를 한눈에 알아볼 수 있게 시각화하여, 목표에 도달하기 위한 돌파구를 더욱 쉽게 찾는 것이다.

이 모든 정보가 체계화되면 공격 루트 혹은 행동 경로를 결정할 수 있다. 성공으로 통하는 여러 길이 있겠지만, 분석 단계의 목적은 자신에게 가장 적합하고 필요에 가장 딱 맞는 경로를 찾아내는 데 있다. 정찰 단계에서 리버스 엔지니어링 기법으로 다른 이들이

	긴급	긴급하지 않음
중요함	실행	결정
중요하지 않음	위임	삭제

비슷한 목표를 어떻게 달성했는지 발견했을 것이다. 그것이 성공으로 가는 하나의 길이다. 이제는 가능한 모든 경로를 꼼꼼히 살피고 어느 길을 택할지 결정할 때다.

4단계: 실행

이 단계는 지금까지 수립한 모든 전략과 계획이 집약되는 결정적 순간이다. 목표를 세우고, 연관 정보를 모조리 챙긴 뒤 그 데이터를 분석해 실행 계획을 준비했다. 이제 그 계획에 돌입할 시간이

높은 가격

고급 시장	황금 거위
자기만족	대량 판매

소수의
고객

다수의
고객

낮은 가격

다. 다시 한번 해커의 진자를 기억하자. 우린 계획에만 매달려 있을 순 없다. 계획과 실행 사이의 균형을 잡아야 하며, 바로 이 단계가 해커 방법론의 '실행' 국면이다. 두렵더라도 "일단 시작하자!"라고 나서야 할 때가 온 것이다.

작가들은 이런 변곡점을 자주 맞닥뜨린다. 책에 담을 내용을 구상하느라 많은 시간을 보낸다. 글쓰기의 상당 부분은 마치 정원을 거닐며 멍하니 생각에 잠기는 것처럼 보일지 모르지만 성공한 작가라면 누구나 이구동성으로 말할 것이다. 작가로서 진짜 해야 할 일은 엉덩이를 의자에 붙이고 실제로 글을 쓰는 것이라고.

기획 단계를 빠져나와 실행으로 나아가는 자신감을 얻기란 쉽지 않다. 자신의 역량과 그 여정을 믿는 마음이 있어야 한다. 정찰

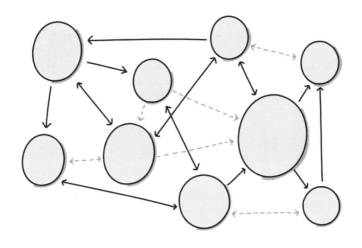

과 분석을 끝냈다면 그 과정을 신뢰하고, 머뭇거리지 말고 계획을 실천에 옮길 수 있어야 한다. 핵심은 수립된 계획에 대한 확신을 잃지 않는 것이다. 새로운 일을 시작할 때 불안감을 느끼는 건 인지상정이지만, 끊임없이 의심한다면 계획이란 추를 너무 멀리 던져버리는 꼴이다. 아무리 훌륭한 계획이라도 실행되지 않으면 무용지물이다. 나폴레온 힐의 말이 떠오른다. "행동이야말로 진정한 지성의 척도다."

얼마나 총명하게 관련 정보를 모으고 분석했느냐는 중요치 않다. 실제로 행동하지 않는다면 아무것도 하지 않은 것과 같다.

실행 속도에 대해서도 생각해봐야 한다. 컴퓨터 해킹은 짧은 시간에 수많은 일을 처리할 수 있어 빠른 실행이 유리하다. 그렇다고 해서 모든 것을 해낼 순 없으니 우선순위를 정해 프로젝트의 핵심 요소에 집중해야 한다. 일반적으로 삶에서는 정해진 시간 안에 달성 가능한 목표를 현실적으로 설정해야 한다. 하지만 또한 기회를 놓쳐 목표 성취의 기회를 날리고 싶지는 않을 것이다. 기회가 무르익었을 때 신속하게 행동하는 것이 목표 달성의 핵심이다.

5단계: 평가

해커 방법론의 마지막 단계로, 전체 과정에 한층 더 강력한 동력을 부여한다. 자, 우리는 목표를 정하고, 관련 정보를 샅샅이 모은 뒤 그 데이터를 분석해 계획을 세우고, 그 계획을 실행에 옮겼다. 이제 뭘 해야 할까?

목표를 이뤘다고 생각할 수도, 그렇지 못했다고 여길 수도 있다. 그러나 현실은 그리 간단하지 않다. 목표를 달성했다면 축하할 일이지만, 인생은 거기서 끝나지 않는다. 이제 자신에게 물어야 한다. 다음 단계는 무엇일까? 여기서 어디로 가야 할까? 정세가 달라졌을 테니 한 발짝 물러서서 현 상황을 직시해야 한다. 여기까지 왔으니 다음 목표는 대체 뭘까? 목표를 어느 정도 이루었으나 완전한 성취는 아닐 수도 있다. 그렇다면 같은 경로를 계속 밟는게 과연 의미 있을까?

수익 대비 투자 효율성이 감소하기 시작하는 변곡점은 어디인가? 효율성의 특징을 논하며 언급한 파레토 법칙, 즉 결과의 80%

가 20%의 원인에서 비롯된다는 원리를 기억하는가? 결과의 80%를 얻었다면 나머지 20%를 위해 80%의 노력을 더 기울일 만한 가치가 있을까? 때로는 멈추는 것이 지혜로운 일일 수 있다.

물론 전 과정을 거쳤음에도 목표를 이루지 못했을 가능성도 언제나 있다. 그렇다면 바로 지금, 한 걸음 물러서서 왜 그랬는지 곰곰이 되짚어봐야 한다. 피벗의 원리를 설명하며 했던 말이 기억나는가? 일이 뜻대로 풀리지 않을 땐 약간만 조정해도 해법을 찾을 수 있는 경우가 많다. 계획에서 놓친 부분을 추가할 수 있는지, 불필요한 부분을 떼어낼 수 있는지, 어떤 요인을 한층 강화해야 하는지 살펴봐야 한다.

이 단계는 성공을 향해 가려고 할 때 어떤 전략적 변화가 필요한지 정확히 짚어볼 기회를 준다. 다시 진자를 상기하자. 진자의 한 극단은 계획만 세우고 실천하지 않는 것이다. 반면 다른 극단은 계획을 다듬지 않고 실행에만 몰두하는 것이다. 진자의 요체는

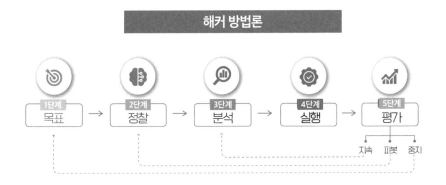

계획과 실행이란 두 모드 사이에서 균형을 찾고 그 둘을 오가는 데 있다.

마지막 단계에서 다시 첫 단계로 돌아간다. 해커 세계에선 취약점과 공격 코드를 찾아내려는 블랙햇과 그것들을 막아내려는 화이트햇 사이에 일종의 무기 경쟁이 끊임없이 벌어진다. 해커 방법론이 순환적으로 구성된 것은 해커로 하여금 이 경쟁에서 항상 앞서 나갈 수 있게 해주는 핵심 요인이다.

정세는 늘 변하므로 이 과정을 끝없이 반복하는 것만이 최상의 상태를 유지하는 비결이다. 전에 말했듯 삶은 목표 달성으로 끝나지 않는다. 계속 진화하고 성취해야 할 일들이 생긴다. 상황을 재평가하고, 무엇이 달라졌나 점검하며, 이를 토대로 새 목표를 수립하는 것이 지속 가능한 성공을 보장하는 방법이다.

이제 이 방법론이 다양한 일반적 상황에 어떻게 적용될 수 있는지 탐구해보자. 우선 커리어 개발에 어떻게 활용될 수 있는지 주목하자.

11

커리어 방화벽 뚫기

대학을 갓 졸업한 폴의 이야기를 들려주고 싶다. 폴은 희망과 열정으로 가득했다. 그는 늘 최상위권을 유지하는 학생이었다. 고등학교 때는 특별한 노력 없이도 우수한 성적을 거두며 인기 있는 학생이었고, 대학에서도 어려움 없이 학업을 마치며 캠퍼스 생활을 만끽했다. 늘 순조로웠기에 폴은 졸업 후의 삶도 비슷할 거라 생각했다. 구체적인 진로는 정하지 않았지만, 수학을 전공했기에 어떤 일을 하든 성공할 수 있다고 믿었다. STEM(과학, 기술, 공학, 수학) 전공자들이 최고의 일자리를 얻는다는 말을 자주 들었기 때문이다.

처음에는 막연히 구직 활동을 시작했고 몇 달간 연락이 없었다. 그러다 면접을 보기 시작했고, 얼마 후 한 투자은행 중간 관리직에 취직했다. 폴은 이제 모든 게 순탄할 거라 기대했다. 부지런히 일한 결과 몇 년 뒤 적절한 연봉 인상과 함께 승진했다. 그 후로도 계속 열심히 일했고, 작지만 꾸준한 급여 인상을 받았다. 하지만 폴의 경력은 기대에 미치지 못했다. 매일 녹초가 되어 집에 돌아와 소파에서 잠들곤 했다. 15년이 지난 지금도 같은 회사에서 일하며, 어디서 잘못된 것인지 되돌아보고 있었다.

세상에는 폴 같은 사람이 많다. 자신이 싫어하거나 평범하고 재미없다고 여기는 직업에 갇혀 사는 이들이다. 책 초반에 언급했듯 나도 그랬다. 이번 장에서는 사람들이 불만족스럽고 정체된 경력에 빠지는 이유와, 해커의 사고방식과 전략으로 이를 극복하는 방법을 살펴보겠다.

직장 생활의 장단점

가장 먼저 던져야 할 질문은 직장인이 되는 게 자신에게 맞는 선택인지 여부다. 나는 그렇지 않았기에 직장을 떠나 사업가가 되기 위해 집중했다. 하지만 이것이 모든 이에게 맞는 것은 아니며, 많은 경우 직장인 경력이 올바른 선택일 수 있다. 이 장은 그들을 위한 접근법을 제시한다.

이 문제를 고려할 때 현실적으로 사고하는 해커의 특성을 활용해 고용의 장단점을 살펴볼 수 있다. 직장 생활의 가장 큰 단점은 회사가 직원을 크게 신경 쓰지 않는다는 점이다. 많은 기업이 직원을 소중히 여기는 듯 보이지만, 실상 그들에게 중요한 건 손익계산서뿐이다. 직장인으로서 성공하려면 자신의 이익을 주도적으로 지키고 추구할 준비가 되어 있어야 한다.

대부분의 회사 인사팀도 마찬가지다. 겉으로는 직원 복지를 위한 정책을 만드는 부서처럼 보이지만, 실제로는 이윤 극대화라는 단일 목표를 위해 존재한다. 그래서 승진이나 연봉 인상 자격이 되어도 누락될 수 있다.

많은 회사는 승진을 제한하는 방침을 두어, 작년에 승진했다면 다음 해에는 대상에서 제외되거나 승진 횟수가 제한된다. 같은 직급 100명 중 5명만 승진할 수 있다면, 동료들과 직접적이고 때로는 치열한 경쟁이 불가피하다. 하위 15% 직원을 무자비하게 해고하기로 악명 높았던 엔론 같은 회사에서 이런 시스템이 극단적으로 나타났다.

물론 직장인이 되면 주목할 만한 혜택도 있다. 다른 곳에서는 쉽게 찾기 힘든 안정성과 보장을 누릴 수 있다. 사업주나 투자자는 시장 변화에 따라 수입이 들쭉날쭉한 경우가 많고, 상황이 좋을 때는 큰돈을 벌지만 안 좋을 때는 수입이 거의 없거나 손해를 보기도 한다. 반면, 직장인은 이러한 리스크 없이 매달 안정적인 월급을 보장받는다. 이러한 안정감은 쉽게 포기하기 어려운 장점이며, 많은 이들이 직장 생활에 매진하는 중요한 이유가 된다. 특히 가족을 부양해야 하거나 책임이 있는 상황에서는 정기적인 수입의 안정성이 더욱 중요하다.

고용 계약이 확실하면 다른 면에서도 마음의 평화를 얻을 수 있다. 업무 조건과 범위, 돈을 버는 방식이 명확하게 정해져 있어 예상치 못한 일이나 원치 않는 일을 할 필요가 없다. 자신이 해야 할 바를 정확히 알고 안정적인 급여로 보상받는다는 점에서 어느 정도 편안함과 만족감을 느낄 수 있다. 게다가 직장인은 유급 휴가, 병가, 건강보험 등 복리후생 혜택을 받는 경우가 많은데, 사업주라면 기대하기 어려운 혜택이다.

직장 생활을 하면서도 매우 성공적인 사람들도 있다. 밥 아이거, 팀 쿡, 셰릴 샌드버그, 조니 아이브 등이다. 이들은 대개 평사원으로 시작해 각자의 분야 정상에 오른 인물들이다.

이 모든 것을 고려하고, 자신의 상황과 가장 중요하게 여기는 가치가 무엇인지 생각해보며 직장인의 삶이 나에게 적합한 선택인지 자문해봐야 한다. 이 질문에 대한 대답이 '그렇다'라면, 이제 그런 경력에서 성공하는 방법을 알아보자.

커리어에서 원하는 것은 무엇인가?

해커식 접근의 첫 단계는 목표 설정이다. 이는 경력과 관련해 정확히 무엇을 최적화하고 싶은지 정하는 것을 뜻한다. 당신에게 가장 중요한 것은 무엇인가? 주로 돈이라면 수입 극대화 방법을 찾아야 한다. 권위 있는 직함과 서열이 중요하다면 승진 사다리를 잘 오르는 방법이 필요하다. 일과 삶의 균형을 중시한다면 유연근무제 같은 옵션을 제공하는 전략에 집중하는 게 좋다. 업무 만족도가 떨어지고 흥미를 못 느낀다면 이직을 고려할 수도 있다. 또는 회사의 미션에 관심이 있어 자신과 맞는 목적을 위해 일하고 싶을 수도 있다.

이 모든 경우에 해커의 사고방식은 직장 내 상황 개선을 위한 효과적인 전략을 만들고 실행하는 데 활용될 수 있다. 하지만 언제나 그렇듯 달성하려는 바가 정확히 뭔지 파악하는 게 핵심이다.

또한 현 직장에서 입지를 강화할지, 아니면 새 직장으로 옮길지도 결정해야 한다. 이직 여부는 설정한 다른 목표에 따라 달라질 수 있고, 목표 달성을 위해 둘 중 한쪽을 선택해야 할 수도 있다. 막 대학을 졸업하고 정규직을 처음 구하려는 사람일 수도 있겠다. 이 모든 가능성에 부합하는 전략을 살펴보자.

이 모든 것은 목표 설정 시 또 다른 고민을 불러일으킨다. 무엇을 감수할 것인가? 예컨대 모든 기준에 딱 맞는 환상적인 일자리가 있는데 다른 도시로 이사 가야 한다면 그렇게 할 의향이 있나? 물론 이런 질문엔 정답이 없으며 개인의 상황과 선호에 달려 있다. 그래도 자신이 무엇을 원하는지 아는 게 중요하다. 마지노선을 어디에 긋는지는 건 목표를 정하는 것만큼 중요하다. 이를 결정한 뒤에야 해커 방식의 다음 단계로 나아갈 수 있다.

충성보다 전략:
당신의 가치를 적극 알려라

먼저 급여와 승진이라는 목표를 살펴보자. 직원들이 회사의 목표에 동기 부여되도록 압박하고 싶어도, 실제로 55%는 돈 때문에, 궁극적으로는 좋은 보수를 위해 출근한다. 이는 잘못이 아니다! 그렇다면 직원으로서 수입을 극대화하려면 어떻게 해야 할까?

가장 먼저 강조하고 싶은 점은 승진이나 보너스, 급여 인상이 저절로 주어지지 않는다는 것이다. 충성스럽고 성실하게 일하면 합당한 보상이 자연스레 따른다고 생각하지만, 절대 그렇지 않다. 기업은 필요 이상으로는 단 한 푼도 지불하려 하지 않는다.

성실하게 일하고 훌륭한 성과를 내는 직원이 있다고 해도, 회사가 먼저 나서서 그에게 많은 돈을 지급할 이유는 없다. 이미 그 직원을 '확보'했기에 굳이 인상해야 할 동기가 없기 때문이다. 급여 인상, 보너스, 승진을 희망한다면 개인이 주도적으로 요청해야 한다. 누가 대신해줄 순 없고, 본인이 직접 노력해야 한다.

승진과 연봉 인상을 노릴 때 또 한 가지 주목할 점은, 필연적으로 동료들과 경쟁하게 된다는 사실이다. 보통 회사에는 보너스와 급여 인상 예산이 정해져 있고, 승진 가능한 인원수도 제한적이다. 가령 직원 20명당 1번의 승진 기회가 돌아온다면, 내가 승진을 바랄 때 동료들도 같은 마음이지 않겠는가? 승진을 차지하려면 다른 이들보다 돋보이는 부분이 있어야 한다.

이때 가시성이 매우 중요하다. 회사 내에서 눈에 띄고 잘 알려져 있는지 확인해봐야 한다. 조용히 유능한 것만으로는 부족하다. 아무리 최고 실적을 냈어도 사람들이 모른다면, 보너스나 승진 후보에 들기 어렵다. 자신의 전문성과 성과에 대해 목소리를 높이는 것만으로도 가시성을 높일 수 있다.

예를 들어 내가 해결할 수 있는 문제로 어려움을 겪는 동료가 있다면, 먼저 다가가 도와주고 그 문제에 관해 대화를 나누는 것이다. 또는 업무상 난제를 발견하고 해법을 알고 있다면, 상사에게 문제가 아닌 해결책을 제시하라. "이런 문제가 있는데 어떻게 해야 하죠?"라고 하는 것과 "이런 문제가 있어서 이렇게 해결하려 합니다"라고 하는 것은 큰 차이가 있다. 실력을 갖추고 이를 효과적으로 전달하는 것은 상급자들에게 자신의 가치를 인식시키는 강력한 전략이다. 승진이나 연봉 협상, 보너스 기회가 왔을 때, 그들은 이미 당신을 염두에 두고 있을 것이다.

두각을 나타내고 승진이나 인상을 얻는 또 다른 방법은 단순히 요구하는 것이다. 인상 요청은 비대칭적 위험을 지닌다. 최악의 경우 거절당할 뿐이지만, 성공 가능성은 꽤 높다. 거절당하더라도 이를 통해 자신을 부각시키고, 경영진에게 경력 성장에 관심 있는 사람이라는 점을 알릴 수 있다. 이는 모두 장기적으로 도움이 되는 일이다.

급여 최적화의 마지막 핵심은 회사에 대한 충성도와 급여 인상 사이에 의미 있는 상관관계가 없다는 점이다. 오히려 충성도가 높을수록 인상 가능성은 낮아지는 역의 관계가 있다. 충성스러운 직원일수록 회사 입장에서는 계속 고용하는 비용이 적다는 점을 고려하면 당연한 결과다. 이는 모든 상업과 금융 분야의 보편적 진실이다. 충성 고객으로만 남으면, 회사를 자주 옮기는 고객보다 혜택은 적고 비용은 더 많이 내게 된다.

얼마 전까지만 해도 '아마존 프라임' 서비스에 주문 오류, 배송 지연, 파손 등 여러 문제가 있었다. 아마존에 전화해 불만을 제기했더니, 잠시 후 고객센터 직원이 프라임 회원제를 해지할 건지 물었다. 나는 '아니오'라고 답했고, 대화는 아무런 해결책 없이 끝났다. 그 순간 깨달았다. 내가 해지하지 않는 한 그들이 고객 유지를

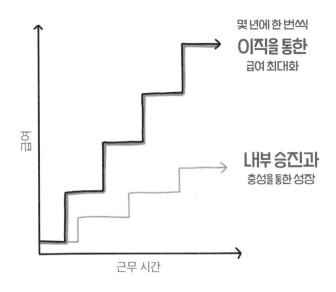

위해 시간이나 돈을 들일 이유가 없다는 것을.

경력 발전의 관점에서, 장기 근속자보다 전략적으로 이직을 활용하는 직원들이 급여 측면에서 더 높은 성과를 달성한다는 통계적 증거가 있다. 이직 시에는 같은 회사에 머물 때 기대할 수 있는 5~10% 인상과 달리, 약 20~40%의 급여 점프를 누릴 수 있다.

하지만 고용주들은 3개월짜리 경력이 연속된 이력서를 의심스럽게 본다. 2~3년마다 이직하는 것이 적당하다. 이 정도면 한 조직에서 연봉이 정체되는 것을 피하면서도, 성실한 직원임을 입증하기에 충분한 시간이다. 약 10년 후에는 충성심만 지킨 동료보다 훨씬 높은 연봉을 받게 된다. 물론 새 직장을 구하는 일은 복잡하고 시간과 노력이 필요하다. 이는 이번 장 후반에서 더 자세히 다루겠다. 그만한 수고를 들일 의향이 있는지 고민해보자. 연봉 최적화에 진정한 관심이 있다면, 답은 아마도 '그렇다'일 것이다.

3년 후 미래이력서를 작성하라

앞부분에서 언급했듯, 급여 외에도 직장 생활에 매진할 만한 다른 이유들이 있다. 안정성은 물론, 회사의 일원이 됨으로써 얻는 여러 혜택과 성장 기회, 정해진 근무 시간에 집중하기만 하면 되는 구조 등이 그것이다. 물론 직무에 따라 이런 요소들은 다를 수 있다. 그래서 여러분이 최적화하려는 것이 무엇인지 계속 고민하면서, 직무를 살펴볼 때 이런 요소들을 꼼꼼히 따져보라고 권한다. 또 명시되어 있지 않은 혜택이나 제도라도 회사 측에 허용 여부를 물어보는 게 도움이 된다는 사실을 잊지 말자. 기억하자. 늘 공격적인 자세를 취하라.

시간과 유연성은 직업 선택의 중요한 고려 사항이다. 일부 직무는 당신에게 재배치를 요구할 수도 있다. 그럴 용의가 있는지 확인해야 한다. 반대로 이사는 싫다면 재택근무 가능 여부를 확인할 수 있다. 코로나19 이후 팬데믹 동안 재택근무를 경험한 기업들은 이제 훨씬 개방적인 태도를 보인다. 회사에서 명시하지 않았더라도 재택근무 허용 여부를 문의해볼 만하다.

근무 시간은 또 다른 고려 요소다. 보통 주 40시간 근무가 기준인데, 주 5일 오전 9시부터 오후 5시까지 하루 8시간씩 일하는 게 괜찮다면 상관없다. 하지만 육아나 가족 문제 등 다른 일정이 있거나, 다른 방식을 선호해서 대안을 모색하고 싶을 수도 있다.

점점 대중화되는 근무 형태로는 4일 근무제가 있다. 하루 8시간 대신 10시간씩 일하고 금요일에 쉬는 것이다. 총 근무 시간은 같지만 주말이 길다는 장점이 있다. 또는 하루 9시간 일하고 격주 금요일을 쉬는 방안도 있다. 모두 주 40시간 근무에 대한 유연한 대안들이다. 회사에서 이런 형태를 당장 제공하지 않더라도, 가능한지 물어보는 게 좋다. 물론 유급 휴가, 병가, 건강보험, 육아휴직 같은 복지혜택도 특정 일자리를 찾을 때 따져봐야 할 요소다. 자신에게 꼭 필요한 것을 정하고, 그런 혜택을 제공하는 일자리를 찾거나,

잠재 고용주에게 원하는 바를 명확히 요구하는 등 구직 과정에서 이를 고려하는 것이 좋다.

직장 생활을 통해 얻을 수 있는 또 다른 중요한 혜택은 개인의 성장과 발전 기회이나, 이를 정확히 평가하기는 어렵다. 물론 해커로서 우리는 모두 개인적 성장을 중시한다. 끊임없는 개선이라는 해커의 특징을 떠올려보라. 하지만 특정 직업에서 이런 성장이 가능한지 명확한 것은 아니다.

고용주는 해당 직무가 제공할 다양한 학습 및 개발 기회를 앞세우곤 한다. 하지만 언제나 그렇듯, 고용주가 진정 신경 쓰는 건 직원이 받을 혜택이 아닌 회사에 제공할 노동력이다. 게다가 임금과 달리 성장 기회는 정량화할 수 없어서, 이런 약속과 관련해 고용주에게 책임을 물을 공식적인 방법이 없다. 그러므로 자기계발의 기회를 판단하고 추적하는 일은 전적으로 본인 몫이다.

이를 위한 좋은 방법은 3년 후의 이력서를 써보는 것이다. 해당 직무와 회사에서 3년간 일한 사람으로서 갖춰야 할 모든 기술을 나열해보자. 그 기술들이 내가 발전시키고 싶은 것들인가? 아니라면 그 직무가 내게 맞지 않거나, 적어도 원하는 성장에는 도움이 되지 않을 수 있다. 실제로 성장하고 있는지 점검하는 것도 자신의 책임이다. 미래 이력서를 보며 그 모습에 얼마나 가까워졌는지 평가해보자. 1년이 지나도 진전이 없다면, 그 직장이 기대한 만큼의 기회를 주지 않는다는 신호일 수 있다. 그때는 다른 선택지를 고민해봐야 한다.

T자형 인재로 승부하라:
정보 수집부터 합격까지

처음부터 무엇을 최적화할지 분명히 정해야 한다. 연봉, 직책, 유연성, 복지, 개인 성장 중 무엇인가? 아니면 이들의 조합인가? 어떤 회사에서 일하고 싶은지도 생각해봐야 한다. 대기업과 소규모 스타트업 경험은 근본적으로 다르다.

작은 회사에선 업무 범위가 넓고 다양한 일을 맡을 가능성이 높다. 팀원 모두가 전문성을 갖추기엔 인원이 부족하다. 큰 조직에선 자신의 전문성을 살려 보다 구체적인 역할을 맡게 될 것이다. 이 모든 요소와 자신에게 가장 중요한 것, 타협 가능한 부분을 고려하면 최적의 위치를 찾을 수 있다.

목표가 정해졌다면 해커식 접근의 다음 단계로 나아가야 한다. 취업의 경우 지원 단계에서의 정찰이 중요하다. 입사 지원은 힘들 수 있지만, 해커의 사고방식을 적용하면 성공 확률을 높일 수 있다. 대기업은 AI로 특정 키워드가 없는 이력서를 걸러낼 수 있다. 분야별로 차이는 있지만, 간단한 조사만으로도 필요한 키워드를 파악할 수 있다. 이는 첫 관문을 통과하는 방법일 뿐, 지원서를 최적화해 합격 가능성을 높이는 방법은 더 많다.

해커 방법론은 구직 과정에서 큰 효과를 발휘한다. 많은 이들이 평범한 이력서와 자기소개서로 여러 회사에 같은 서류를 보내고 기다리지만, 이는 효과적인 접근이 아니다. 체계적 계획 없는 행동은 전략적 사고의 부재를 드러낸다. 정찰과 분석의 중요성을 간과해선 안 된다. 지원 직무와 회사 전반에 대해 최대한 많은 정보를 수집해야 한다. 같은 회사의 유사 직무를 살펴보면 그들이 중요하게 여기는 기술과 자질을 파악할 수 있다. 링크드인에서 같은 팀원들의 이력서를 참고하는 것도 도움이 된다.

회사가 중시하는 기술적 공통점을 찾아보고, 특정 기술이나 역량에서 어떤 부분이 부족할 수 있는지 그 틈새도 짚어보라. 그런 다음 해당 직무에 필요한 기술은 갖추면서 이런 격차를 메울 방안을 보여주는 지원서로 업그레이드할 수 있다. 핵심은 지원서를 '맞춤화'하면 성공 확률이 크게 높아진다는 것이다. 이를 위한 최선은 해커 수준의 정찰과 분석이다.

자신의 역량을 효과적으로 제시하는 방법은 'T자형 인재' 개념을 통해 이해할 수 있다. 즉, 한 영역(T의 I)에서 상당한 전문성을 입증하는 동시에 다양한 다른 기술(T의 ─)도 갖추고 있어 회사에 추가 가치를 제공할 수 있음을 보여주어야 한다. '팔방미인a jack of all trades'이란 말을 들어 봤을 것이다. 다양한 기술은 있되 어느 한 분야에 특화되지 않은 사람을 일컫는다. 채용 담당자는 주로 해당 직무와 가장 관련 깊은 분야에서 깊이 있는 전문성을 가진 이를 찾으므로, '팔방미인' 전략은 구직에서 좋은 전략이 될 수 없다. 모든 분야의 전문가가 될 순 없으니, 한 분야에 대한 깊은 전문 지식과 그것을 뒷받침하는 폭넓은 보조 기술을 갖춘 T형이 회사를 위한 최적 균형을 이룬다.

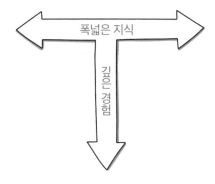

실제로 대부분의 해커는 다양한 기술 플랫폼을 광범위하게 이해하면서도 몇몇 특정 분야에서는 심층적 전문성을 활용해야 하는 경우가 많다. 입사 지원 시에도 같은 방식으로 자신을 소개하면 도움이 된다. 이런 접근법을 취하면 다른 지원자들보다 훨씬 더 매력적인 채용 후보로 자신을 어필할 수 있다.

장점을 부각시키는 또 다른 방법은 관련 부서 현직자와의 비공식 인터뷰다. 해당 직원에게 연락해 지원 예정자로서 대화를 요청하고, 회사 생활에 대해 물어보는 것이다. 이는 회사와 그 가치에 대한 통찰을 얻어 지원서 작성에 도움이 될 뿐 아니라, 더 열성적인 지원자로 보여 우위를 점할 수 있다.

몇 가지 적절한 질문으로 채용 담당자와 다른 지원자들의 성향을 파악할 수도 있다. 예를 들어, 자신이 누군가를 대체하는지, 새로운 역할인지, 전임자가 팀에 제공했던 가치는 무엇인지, 이 직책에서의 성공적인 모습은 어떤지, 현재 팀원들의 부족한 점은 무엇인지, 팀이 당면한 과제는 무엇인지 등을 물어볼 수 있다.

이런 질문에 대한 답변이 채용 관리자와의 면접에서 어떻게 유리하게 작용할지 짐작할 수 있다. 팀의 가려운 곳과 요구 사항을 딱 맞게 채워줄 사람으로 자신을 그려낼 수 있기 때문이다. 이런 정찰과 분석을 거치면 지원서 제출에 이상적인 정보들을 모을 수 있게 된다. 이때 해커 원칙을 활용하는 것도 좋다. 온라인에는 흔한 면접 질문을 찾아볼 수 있고, 글래스도어(Glassdoor, 직원과 구직자가 회사 리뷰, 연봉 정보, 면접 후기 등을 익명으로 공유하는 웹사이트—옮긴이)나 링크드인 같은 사이트에선 회사 자체와 조직에 대해 상세히 알아볼 수 있다.

모은 정보를 잘 활용하면 지원서가 면접 단계로 넘어갈 확률을 끌어올릴 수 있고, 지원서 작성 때 쓴 정보는 면접에서도 유용하게 쓰일 수 있다. 회사와 기업문화를 잘 아는 것이 직무 적합성을 입증하는 핵심이며, 직무에 필요한 기술은 물론 추가 가치를 더할 폭넓은 기술(귀동냥으로 알아낸 부족한 점을 메울 기술)까지 갖추고 있음을 보여주면 다른 지원자들과 차별화되어 유리한 고지를 선점할 수 있다.

방법론의 실행 단계도 잊지 말아야 한다. 당연하게 들리겠지만, 특히 경쟁이 치열한 대도시에 사는 경우라면 입사 지원은 매우 힘든 과정이다. 정찰과 분석을 마치면 계획을 실행에 옮기고, 인내심을 발휘해 끝까지 해당 지원서를 정성껏 작성하고 제출한다.

내 커리어는 진화 중

해커 방법론의 최종 단계는 전체 프로세스의 핵심이며, 고정관념에서 벗어나 유연한 사고를 유지하기 위한 가장 중요한 단계이다. 설정한 모든 목표를 달성할 수 있는 직업을 구했다면, 정기적으로 한 발 물러서서 상황이 어떻게 흘러가고 있는지 점검해야 한다. 목표한 바에 도달했나? 예상과 다르게 진행되고 있나? 상황 변화로 우선순위가 달라져 새로운 목표가 생겼나?

상황을 다시 점검하고 해커 방법론의 시작점으로 돌아가면 경력을 지속적으로 관리하고 목표에 접근하는 데 도움이 될 것이다. 해커의 사고방식을 경력에 적용하는 것은 단순한 수입 이상의 의미를 지닌다. 입사나 승진의 성공 못지않게 중요한 것은 자신의 경력이 원하는 위치에 있는지, 바람직한 방향으로 발전하고 있는지 확인하는 일이다.

해커 방법론의 전 과정을 따라 목표 설정, 재평가, 그리고 다시 목표 설정으로 이어지는 순환을 반복하는 것이 경력에서 일시적이 아닌 지속적인 성공을 이루는 핵심이다.

12
창업 시스템 해킹:
아이디어에서 성공까지

직장인의 삶은 사람마다 다르다. 어떤 이에겐 이상적일 수 있지만, 다른 이에겐 만족스럽고 보람찬 인생을 위한 충분한 조건이 되지 못할 수도 있다. 개인의 성향, 목표, 가치관에 따라 직장 생활의 장단점은 다르게 다가오기 때문이다. 나의 경우 분명 후자였고, 해결책은 창업이었다.

앞서 언급했듯 나는 대부분의 직장 생활을 여러 정부 기관의 사이버보안 전문가로 보냈다. 연준에서 일하면서 직장인으로서의 한계를 느끼자 불만이 쌓이기 시작했다. 승진 기회가 적었고, 승진해도 급여 인상폭이 미미했다. 게다가 흥미로운 일이었음에도 매일 같은 업무가 반복되니 지루했다. 점차 직원 신분의 장점(고용 안정성, 정해진 근무 시간 등)만으로는 단점을 상쇄하기 어렵다고 느꼈다. 그때부터 다른 길을 모색하기 시작했다.

화이트해커로 일하며 여러 공급업체에서 필요한 장비를 구하기가 늘 어려웠다. 필요한 장비를 찾아 여기저기 수소문해야 했고, 주문한 특정 장비가 제대로 작동하지 않을 가능성도 늘 존재했다. 이 모든 것을 한 곳에서 제공하고 사용자 리뷰로 품질을 확인할 수 있다면 얼마나 좋을까 하는 생각을 자주 했다.

주 5일 근무하던 때에도 이미 시장의 틈새를 발견하고 있었다. 전환점이 필요하다고 느꼈을 때, 창업으로 그 틈새를 공략하기로 한 것은 자연스러운 선택이었다. 의식하지 못한 채 이미 해커의 사고방식을 삶에 적용하고 있었던 셈이다.

하지만 바로 사표를 내고 창업하지는 않았다. 아이디어는 좋았지만 성공적인 사업으로 발전할지 불확실했고, 처음부터 모든 것을 걸기에는 내 위험 감수 성향에 맞지 않았다. 초기에는 정규직을 유지하면서 남는 시간에 사업 기반을 다지기 시작했다. 투자할 시간이 부족해 더딘 과정이었지만, 몇 달 후 사업이 어느 정도 궤도에 오르는 듯했다.

자신감이 붙어 연준에서 파트타임으로 전환해 일주일에 3일만 근무하고 나머지 4일은 내 사업에 전념할 수 있게 됐다. 파트타임으로 바꾸니 수입이 줄긴 했지만, 직장에서 버는 돈 덕분에 생활은 유지하면서 비즈니스 수익성을 높이기 위해 매진할 수 있었다.

사업은 꾸준히 성장했고, 마침내 세계 최대 규모의 해커 컨벤션인 '데프콘'(DEF CON, 매년 미국 라스베이거스에서 열리는 세계 최대 규모의 해킹 컨퍼런스로, 컴퓨터 보안 전문가, 해커, 기업인, 정부 관계자 등이 모여 최신 해킹 기술과 정보 보안 이슈를 공유하고 토론한다―옮긴이)에 출품하기로 결정했다. 전 재산인 1만 달러를 모두 들고 라스베이거스로 향했다.

3일간의 행사에서 첫날 부스를 연 지 3시간 만에 모든 물건이 매진되었고, 투자금을 훨씬 웃도는 수익을 올렸다. 당시에는 더 많은 물량을 준비했어야 했다며 아쉬워했지만, 돌이켜보면 분명한 사실이 하나 있었다. 내가 감당할 수 있는 수준에서 도전했다는 것이다.

데프콘에서의 수익도 중요했지만, 참가의 진정한 가치는 사업의 잠재력과 실현 가능성을 확인한 것이었다. 그 시점에서 연준을 완전히 퇴사하고 전업으로 사업을 시작했다. 나머지는 역사가 되었다. 직장 생활 중 떠올린 아이디어가 단기간에 7자리의 수익을 내는 사업으로 성장했으니 말이다.

좀 더 일찍 시작했으면 어땠을까? 물론 언제나 돌아보면 아쉬움이 남는다. 하지만 당시엔 내가 감당할 수 있는 위험 수준과 현실을 고려해야 했고, 그에 맞는 적절한 결정을 내렸다고 생각한다. 이처럼 현실적인 태도는 해커 사고방식의 핵심이다. 이는 새 사업을 시작할 때 리스크를 철저히 분석하고, 현실에 기반해 판단한다는 의미다.

해커처럼 사고하고 기업가처럼 행동하라

이제 현실적으로 비즈니스를 시작할 때의 몇 가지 어려움을 살펴보자. 먼저 분명히 해야 할 건, 아무리 훌륭한 아이디어나 사업 품목이 있다고 해도 성공이 보장되진 않는다는 것이다. 최근 통계에 따르면 미국의 스타트업 중 18%는 1년 내, 50%는 5년 내, 65%는 10년 내에 문을 닫는다. 물론 이 통계는 모든 신생 기업을 아우른 것이고, 사업 아이디어가 모두 같은 것도 아니다.

우리는 샤크 탱크(Shark Tank, 사업가가 자기 아이디어를 투자자 패널 앞에서 설명하고, 투자자들은 아이디어의 장단점을 따져 투자 여부를 결정하는 미국의 리얼리티 TV 프로그램—옮긴이)에서 준비가 덜 된 도전자들이 출연해 황당한 아이디어로 거액의 투자를 바라면서 웃음거리가 되는 광경을 자주 봤다. 그런 사람도 모두 스타트업 범주에 속하고, 이런 실패 통계에 한몫한다. 하지만 좋은 아이디어로 보였던 수많은 스타트업도 투자 부족, 개발 미비, 단순한 불운 등 여러 이유로 결국 무너진다.

실패한 창업자 상당수는 해커 정신을 비즈니스에 적용하지 않았던 게 분명하다. 해커 마인드셋을 활용한다면 성공 가능성을 극대화할 수 있겠지만, 새 사업 런칭에는 언제나 위험이 따른다는 건 변함없는 사실이다. 사업 성공에 확신이 설 때까지 나 역시 파트타임으로 직장을 다니며 그 위험을 조금씩 상쇄했듯이, 모든 신생 기업가들은 어떤 식으로든 이 실패 위험을 극복해야만 했다.

두 번째로 짚고 싶은 점은, 사업주가 되려면 특히 초기 단계에서 엄청난 노력이 필요하다는 거다. 많은 신규 기업가가 부트스트래핑bootstrapping, 즉 적은 자본으로 외부 투자 없이 회사를 차려 초기에 자기 자원과 시간에 의지해 사업 기반을 다져야 한다. 이는 쉽지 않은 일이고 많은 훈련이 필요하다.

직장인과 달리 근무 시간을 정해주는 사람이 없다. 얼마나 많은 시간을 투자할지는 전적으로 자신의 몫이며, 필요한 시점에 필요한 일을 할 수 있도록 스스로 통제하고 동기부여해야 한다. 또한 초기에는 혼자서 여러 역할을 수행해야 한다.

대기업은 보통 전사적 비전을 수립하는 경영진, 그 아래 비전 실현을 위한 전략과 계획을 세우는 관리자, 그리고 이를 실행하고 제품이나 서비스를 제공하는 실무진이 있다. 반면 스타트업에서는 전체적인 비전과 전략 수립부터 서류 전달이나 물품 적재 같은 사소한 일까지 모든 역할을 맡아야 한다.

다른 고려사항도 있다. 관리해야 할 업무가 너무 많고 다양해서 방향을 잃거나 압도될 수 있다는 점이다. 스타트업을 성장시키려면 분명 여가 시간을 희생해야 한다. 내가 더 많은 시간을 사업에 투자하기 위해 파트타임으로 전환했던 것을 기억하는가? 연준에서 3일, 사업에 4일을 투자했는데, 당시 직장을 완전히 그만뒀다면 7일 모두를 사업에 바쳐야 했을 것이다.

스타트업은 늘 할 수 있는 시간보다 해야 할 일이 많고, 사업은 온 신경을 집중하게끔 만든다. 그리고 앞서 말했듯 일을 그만해도 된다고 말해주거나 열심히 한다고 수당을 주는 사람도 없다. 스스로의 절제와 자제에 기댈 수밖에 없다. 또한 사업을 잘못된 길로 끌고 가도 바로잡을 사람이 없다.

모든 것을 혼자 하다 보면 막다른 길에 빠지거나 전체적인 관점을 놓치기 쉽다. 이때 해커 마인드가 도움이 된다. 해커의 접근법을 보여주는 진자를 기억하자. 계획과 실행의 균형이 완벽해야 한다. 스타트업에 모든 시간과 노력을 쏟다 보면 실행에만 치중하는 함정에 빠지기 쉽다. 때로는 한 발 물러나 전체 그림을 보고, 계획적 측면도 소홀히 하지 않는 균형 잡힌 접근이 필요하다. 이런 해커식 사고는 사업의 장기적 성공을 위한 핵심 요소다.

마지막으로, 사업을 일구는 것이 결코 쉽지 않다는 점을 강조하고 싶다. 즉각적인 성공을 기대하기는 어렵다. 시작하자마자 수익을 내는 사업은 거의 없다. 오히려 초기에는 적자를 보는 경우가 많고, 손익분기점을 넘어 수익을 내기까지 시간이 걸리는 것이 일반적이다. 따라서 투자한 시간, 노력, 자본에 대한 보상을 받으려면 수년이 필요할 수 있다. 사업의 성공을 위해서는 장기적 관점의 접근이 필요한 이유가 여기에 있다.

하지만 그만한 가치가 있다!

사업을 한다는 것은 분명 험난한 길이지만, 멋진 경험이 될 수도 있다. 내가 아는 이들 중 가장 보람을 느끼는 사람들은 나를 포함해 기업가들이다. 독립적인 사업가가 되면 몇 가지 큰 장점이 있는데, 첫째는 바로 자유로움이다. 앞서 어떤 감독이나 지침도 없다는 걸 단점으로 얘기했지만, 스스로 상사가 된다는 건 엄청난 자유를 누릴 수 있다는 의미이기도 하다.

당신이 운전석에 앉아 일을 어떻게 풀어나갈지 결정할 수 있다. 현재 직장인이거나 최근까지 그랬다면, 회사 경영진의 결정에 실망한 적도 다분할 것이다. 때론 그런 결정이 이해되지 않고, 문제가 뭔지 어떻게 해결할 수 있을지 명확히 알겠는데도 그런 바보 같은 결정을 내리다니 한심했을 것이다. 자기 사업을 갖는다는 건 이런 결정을 스스로 내릴 수 있고, 아무도 반대할 수 없음을 뜻한다.

독립적인 사업가가 된다는 건 업무 스타일도 유연하게 정할 수 있다는 의미다. 근무 시간과 장소를 결정하는 건 온전히 당신 몫이다. 다음 주 수요일에 쉬고 싶거나 내일부터 즉흥적으로 휴가를 가고 싶은가? 석 달 전에 휴가 신청서를 냈어야 한다며 불평할 상사는 없으니 걱정하지 마라.

마찬가지로 집에서 일하든, 카페나 사무실에서 일하든, 카리브해 바하마 해변을 여행하며 일하든 그건 모두 당신의 선택이다. 일주일에 며칠은 사무실에 나와야 한다는 규정도, 화상회의에서 잠옷 차림으로 나타났다고 뭐라 할 임원도 없다. 온종일 파자마 차림으로 집에서 일하고 싶다면 그렇게 해도 된다.

물론 이런 모든 선택이 사업에 영향을 미친다는 점은 짚고 넘어가야 한다. 주 1일만 일하기로 하고서 신생 사업이 원하는 속도로 성장하지 않는다고 조바심을 내서는 안 된다. 사실 재택근무보다 사무실 근무가 더 효율적일 수 있다. '옷차림 심리학'도 무시할 수 없다.

내 지인 중 한 명은 까다로운 고객과 통화할 때마다 정장과 구두까지 완벽하게 갖춰 입었다. 고객은 그를 볼 수 없었지만, 정장 차림이 자신에게 더 큰 권위를 부여하고 그런 고객을 더 자신 있게 대할 수 있게 해준다고 느꼈다. 모든 선택에는 장단점이 있고, 어떤 이에게 좋은 것이 다른 이에게는 그렇지 않을 수 있다. 사업가가 되면 직원을 획일적으로 대하는 대부분의 회사와 달리, 자신과 사업에 가장 적합한 업무 방식을 선택하고 실행할 수 있다는 장점이 있다.

창업의 또 다른 큰 이점은 직장인보다 훨씬 더 큰 수입 증대 가능성이 있다는 것이다. 일반적으로 회사 임금은 물가 상승을 따라가지 못하는데, 특히 기업들이 비용 상승을 가격에 빠르게 반영하는 것을 고려하면 주목할 만한 현상이다. 이는 앞서 언급했듯 기업이 이윤 극대화에만 집중하고, 그 전략 중 하나가 직원 임금을 최소화하는 것이기 때문이다. 하지만 사업가는 자신의 급여를 스스로 정한다. 물가가 오르면 자신의 수입도 그에 맞춰 조정할 수 있다.

성공적인 사업을 일구면 직장인일 때보다 거의 항상 더 많은 수입을 얻을 수 있다. 나도 그랬다. 창업 후 몇 년 만에 내 소득은 이

전 직장의 최고위직보다 약간 더 많아졌고, 임원이 된 동료들과 비교하면 모든 것을 버리고 창업한 것을 후회하지 않는다. 다시 강조하지만, 창업이 자동으로 큰 수입을 보장하는 것은 아니다. 첫 문장을 기억하라. "성공적인 사업을 일구면."

기업가가 된다는 것은 소득 결정 방식 자체를 바꾸는 일이다. 직장인의 임금은 기존 경력 발전 경로에 제한되지만, 사업가는 사업을 제대로 성장시키고 올바른 결정을 내린다면 수입이 매우 빠르게 증가할 수 있다. 다른 모든 것과 마찬가지로 모든 권한이 당신에게 있다.

물론 사업주로서 업무 스타일이 매우 다양해지는 것에 관해서도 언급해야겠다. 광범위한 책임에 직면하게 되면 버거울 수 있다. 하지만 반대로, 온갖 종류의 다채로운 일을 경험할 기회이기도 하다. 직장인은 흔히 자기 업무의 울타리에 갇혀 시야를 넓힐 기회를 거의 얻지 못한다. 예컨대 숫자를 다루는 일을 한다면 창의력을 발휘할 기회가 별로 없고, 더 큰 사업의 일부로 특정한 역할만 맡는다면 포괄적인 계획을 짤 기회도 갖기 어렵다. 하지만 사업주는 이 모든 일을 할 수 있으며, 상상할 수 있는 모든 영역에서 기량을 쌓을 기회가 무궁무진하다.

마지막으로, 사업을 소유하고 성장시키는 과정이 매우 큰 성취감과 보람을 줄 수 있다는 점을 강조하고 싶다. 내 사업이라는 자부심과 함께, 모든 결정에 대한 통제권을 가질 수 있다는 점이 가장 큰 매력이다. 물론 사업 성공이 혼자만의 힘은 아니지만, 내 노력과 선택이 크게 기여했음을 알게 된다. 내가 무언가를 만들어 성공할 만큼 키웠다는 사실에 엄청난 성취감을 느낄 수 있다.

소설가인 친구가 있는데, 그는 기분이 우울할 때마다 자신이 출간한 책을 모두 꺼내서 탁자 위에 쌓아놓고 보면서 '내가 해냈어'라고 생각하면 기분이 좋아진다고 했다. 사업가도 마찬가지다. 땀 흘려 일하고 올바른 선택을 내려 번창하는 사업을 일군 성취감은 참으로 기분을 들뜨게 한다.

이 글을 읽으며 설렘과 열망으로 부풀었다면, 창업이 당신의 적성에 딱 맞을 수 있다.

당신만의 성공을 정의하라

다른 모든 것과 마찬가지로, 해커 방법론을 적용할 때는 먼저 목표를 정해야 한다. 기업가가 되고자 할 때 정확히 무엇을 '최적화'하고 싶은가? 이를 통해 각자의 접근법과 구축할 사업 유형에 대한 실마리를 얻을 수 있다.

당연히 가장 먼저 고려할 것은 수익 전략의 최적화다. 사업가로서 수익 창출이 목적인 것은 분명하지만, 그리 단순한 일은 아니다. 구체적으로 얼마의 수익을, 어느 기간 안에 달성하고자 하는가? 단순히 공과금을 내고 편하게 살 정도면 충분한가? 아니면 걱정 없이 사치를 누리며 호화롭게 사는 것이 더 중요한가? 우리 모두 더 많은 돈을 원하겠지만, 수입 극대화가 주목표라면 다른 목표는 일부 양보해야 할 수도 있다.

예를 들어 많은 신생 기업가들이 차세대 유니콘(기업 가치 10억 달러 이상 스타트업)을 꿈꾸지만, 실제 유니콘은 극소수이며 엄청난 노력과 행운이 필요하다. 따라서 수익 목표를 제대로 분석하는 것이 중요하다. 최대한 빨리 10억 달러 규모의 회사를 만드는 것이 가장 중요한가? 그렇다면 사업과 관련된 다른 선택에서는 희생을 감수해야 한다는 점을 알아야 한다. 하지만 한번에 그렇게 큰돈을 버는 것이 목표가 아니라면, 내가 '현금 낙타'라고 부르는 것을 만드는 편이 더 나을 수 있다.

'현금 낙타'는 전통적인 '캐시 카우' 개념을 확장한 것으로, 초기 투자 부담이 적으면서도 안정적인 수익을 창출하는 사업 모델을 의미한다. 더불어 충분한 현금 보유를 통해 재정적 안정성을 확보하는 전략을 포함한다. 유니콘을 만드는 것보다 화려하진 않겠지만 분명히 훨씬 안정적이다.

투자에 대해 역발상을 지지하는 투자자 코디 산체스는 수수하게 성공하는 사업도 엄연히 성공이며, 수십억 달러짜리 회사를 만드는 것보다 훨씬 더 빨리 이룰 수 있다고 그는 자주 강조한다.

목표를 고려할 때 평가해야 할 또 다른 사항은 시간과 유연성이다. 앞서 언급했듯 사업가의 가장 큰 장점은 근무 시간과 조건을 스스로 정할 수 있다는 점이지만, 이는 구축할 수 있는 사업의 종류에 큰 영향을 미친다.

예를 들어, 컨설팅이나 개인 교습과 같은 개인 서비스 기반 사업은 초기부터 상당한 수입을 올릴 수 있는 반면, 불가피하게 개인의 시간을 많이 투자해야 하는 특성이 있다. 반면 전자상거래 사업은 초기에 시간이 많이 들겠지만, 사업이 성장하고 안정되면 개인적인 시간 소모는 크게 줄어든다. 물론 컨설턴트만큼 벌려면 좀 더 시일이 걸리지만 말이다.

마찬가지로 창업 방식을 결정할 때는 업무 환경도 고려해야 한다. 많은 사업이 원격으로 운영 가능하다. 실제로 유목민 생활을 원하는 이들이 원격 근무를 선호하는 주된 이유는 온라인 사업을 하며 여러 곳을 돌아다닐 수 있기 때문이다. 근무 장소의 유연성이 중요한 목표라면 온라인 전용 사업이 최선일 수 있다.

어떤 이들은 성공한 기업가의 지위와 명성을 얻고자 사업을 한다. 나는 이런 동기를 경계해야 한다고 본다. 앞서 언급한 안나 소로킨은 순전히 명성만을 쫓아 사업을 했다. 그녀는 화려한 삶으로 인정받고 싶어 했고, 자기도취적으로 '애나 델비 재단'의 설립자로 추앙받길 원했지만, 결국 실체가 없었고 사기 혐의로 수감되었다. 더 유명한 사례는 엘리자베스 홈즈다. 그녀는 소량의 혈액으로 검사가 가능하다고 주장한 의료기술 회사 테라노스의 창업자였다. 이 회사는 한때 매우 유망한 벤처로 평가받으며 10억 달러의 가치를 인정받았다.

전성기에는 100억 달러로 평가되며 대성공한 듯했으나, 혈액 검사 기술은 완전한 거짓으로 밝혀졌고 홈즈는 사기죄로 유죄 판결을 받았다. 지위와 명성은 성공과 함께 따라오지만, 이를 주된 목표로 삼으면 명성은 물론 장기적 성공마저 잃을 수 있다.

지위 추구 대신 사회적 영향력 추구가 대안이 될 수 있다. 개인의 이익뿐 아니라 사업을 통한 사회적 영향력을 목표로 삼을 수 있다. 사업 자체가 이런 성격을 띨 수 있고(소외계층의 삶을 개선하려는 많은 기업처럼), 직접적이지 않더라도 이를 목표로 삼을 수 있다. 예를 들어 수익의 일정 비율을 자선단체에 기부하기로 결정할 수 있다. 많은 성공한 기업이 이런 원칙으로 설립되었다.

이러한 접근의 대표적 사례로 '봄버스BOMBAS'를 들 수 있다. 봄버스는 상업적 성공과 사회적 기여의 균형을 추구하며, 특히 노숙자 문제 해결에 실질적으로 기여하고자 설립된 의류 기업이다. 노숙자 보호소에서 가장 많이 요청하는 품목이 양말이었기에, 봄버스는 고객이 양말 한 켤레를 구매할 때마다 한 켤레를 보호소에 기부하는 '1+1 기부' 정책으로 사업을 시작했다. 회사가 커지면서 보호소에서 두 번째, 세 번째로 많이 요청하는 품목인 속옷과 셔츠로 품목을 넓혀, 그런 방식으로 기부를 이어갔다.

사업과 관련해서는 말 그대로 원하는 대의를 위해 노력할 수 있도록 사업 구조를 구성할 수 있다. 당신의 사업이니 선택권은 당신에게 있다.

나에게 적합한 비즈니스를 찾는 심플한 방법

목표를 세웠다면 이제 그 목표 달성에 가장 적합한 비즈니스가 무엇일지 살펴볼 차례다. 모든 목표의 균형을 맞추고, 비즈니스를 통해 목표를 가장 잘 이루어낼 방안을 찾는 것은 다소 까다로운 일이다. 하지만 다행히도 이를 명확히 하는 데 도움이 되는 프로세스가 있다.

일본어 '이키가이'(生きがい; 삶의 가치, 살아가는 이유) 개념이 도움이 된다(이키가이는 개인의 열정과 재능, 사명감, 경제적 가치를 모두 포함하는 일본의 삶의 철학으로, 개인의 만족과 사회적 기여 사이의 조화를 추구한다—옮긴이). 이는 대략 '삶의 이유'로 번역할 수 있는데, 인생에 의미나 가치를 부여하는 프로젝트나 노력을 뜻한다. 이키가이를 발견하는 방법이 특히 중요한데, 아이디어를 나열하고 (1) 자신

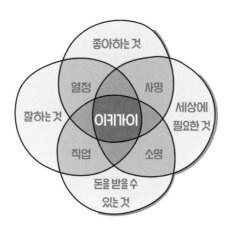

이 좋아하는 것, (2) 세상에 필요한 것, (3) 돈을 받을 수 있는 것, (4) 자신이 잘하는 것, 이 네 가지 범주에 해당하는지 판단하는 것이다.

이 중 몇 가지 범주가 겹치는 것들은 쉽게 파악할 수 있다. 예를 들어 내가 잘하고 돈도 벌 수 있는 일은 직업, 내가 좋아하고 잘하는 일은 열정, 내가 좋아하고 세상이 필요로 하는 일은 소명이 될 수 있다. 이 네 가지 요소가 모두 교차하는 벤 다이어그램의 중심점이 바로 '이키가이'이며, 이는 개인의 진정한 삶의 목적을 나타낸다.

내가 기업가의 길을 택했을 때, 목표에 가장 부합하는 사업을 구상할 때도 비슷한 접근법을 썼다. 이키가이와 같은 범주는 아니었지만, 투입과 산출 관점에서 목표와 관련된 여러 요소를 적어보고 매트릭스를 그려 각 사업 아이디어가 요소별로 어떤 점수를 받는지 확인했다.

이상적으로는 장기적으로 최소 투입으로 최대 산출을 내는 것을 찾고 있었는데, 이는 현명한 투자의 정의와 거의 같다. 이렇게 모든 것을 적어보니 어떤 유형의 사업이 나에게 가장 적합한지 더 분명해졌다.

투입 면에서는 필요한 시간과 자금, 성공까지의 경로가 얼마나 복잡한지를 고려했다. 산출 면에서는 예상 수익과 아이디어의 확장 가능성, 자동화 시스템 구축 가능성 등을 검토했다.

여기서는 모든 요인을 상세히 설명하지 않았다. 이 매트릭스의

비즈니스 분석 작업 계획

비즈니스		투입			산출			결정
아이디어/ 프로젝트	형태/ 범주	시간	재정	복잡도	재정 산출 예측 (시장 크기×가격)	다양한 레버리지 기회?	장기적으로 외주화/자동화	다음 행동?

주된 목적은 세부적인 사업 계획 수립이 아닌, 목표 달성 가능성이 높은 아이디어를 빨리 찾아내는 것이었다. 따라서 수입과 지출 추정 시 정확한 수치 대신 $, $$, $$$ 등의 간단한 척도를 사용했다.

결과적으로 '전자상거래'가 내가 찾던 해답이었다. 간접비가 적어 초기에 비교적 쉽게 수익을 낼 수 있었고, 확장성도 있었다. 일단 사업 기반을 닦고 나면 실제 운영 상당 부분을 외주로 맡겨 장기적으로 최소한의 시간 투자로도 사업을 유지할 수 있었다. 이 모델은 내가 설정한 다양한 목표들을 균형 있게 충족시키는 최적의 선택이었다.

디지털 상품 판매, 실물 상품 판매, 코칭이나 컨설팅, 반려견 산책 서비스 제공, 유튜브나 팟캐스트 콘텐츠 제작, 오프라인 빵집 오픈 등 다양한 사업 기회가 열려 있다. 중요한 것은 이 모든 가능성을 두루 검토하며 자신의 강점과 자원을 최대한 활용할 수 있는 방안을 찾는 것이다. 사업 아이디어를 구체화하면서 여러 방안을 비교하고, 목표를 가장 효과적으로 달성할 수 있는 방식을 선택해야 한다.

기존 성공 기업을 뛰어넘는
1%의 차별화 전략 수립

최적의 창업 아이템 발굴을 위해서는 정찰(철저한 시장 조사) 단계가 필수다. 다양한 사업, 특히 성공한 사업의 매출과 지출, 총수익 등에 관한 정보는 무척 많다. 인터넷에는 이런 종류의 정보를 제공하는 데가 많다. 예를 들어 크런치베이스Crunchbase라는 웹사이트에서 원하는 상장사를 검색하면 이런 데이터 일부를 얻을 수 있다. 더 넓게는 주요 검색엔진으로 스마트 검색을 하면 더 많은 정보를 찾을 수 있다. 이 기업들은 성공적인 사업의 로드맵을 제시하는 셈이다.

큰 성공을 거둔 사업 모델은 필연적으로 치열한 경쟁에 직면하며, 이는 같은 분야에서 더 나은 서비스를 제공하려는 경쟁사들의 도전으로 이어진다. 특히 내 지인 중에는 자기 회사가 포춘 500대 기업에 오르는 것을 꺼리는 이들이 있는데, 노출이 늘수록 경쟁이 심해진다는 것을 알기 때문이다.

그러나 초보 기업가 입장에선 좋은 기회가 될 수 있다. 이미 잘 알려진 분야에서 성공리에 운영되는 사업이 있고, 그 회사의 운영 방식을 철저히 연구한다고 가정해보자. 기존 성공 기업의 운영 프로세스에서 개선점을 발견하고, 그 사업 모델을 단 1%라도 더 효율적으로 운영하는 방법을 찾아낸다면 경쟁 우위를 확보할 수 있다.

온라인상에서 활용할 수 있는 자원도 많다. "해커 원칙 3, 리소스 해킹"을 기억하라. 재치를 발휘해 손쉽게 구할 수 있는 모든 것을 최대한 이용하라. 이를 염두에 두면 특정 유형의 사업은 더 간단해 보일 것이다. 예컨대 제품 직접 판매 영역에서는 아마존의 주문 처리FBA 방식을 이용해 아마존에 주문 업무를 아웃소싱하면, 아마존에서 팔리는 제품을 픽업 및 배송할 수 있다. 물론 공짜는 아니지만, 잘 갖춰진 아마존의 배송 인프라를 활용하게 되면 간접비가 크게 줄어든다. 실제로 아마존은 어디에나 있어서 소매업체에 좋은 플랫폼이다.

요즘 사람들은 온라인, 특히 아마존에서 물건 사는 데 익숙해져서 다른 플랫폼에서 쇼핑하거나 가격을 비교하는 일이 드물다. 아마존은 현재 온라인 소매업에서 거의 독점적 지위를 누리고 있는데, 이는 대개 경쟁에 좋지 않은 영향을 미치지만 이를 내 편에서 활용할 수는 있다.

제품 배송과 생산 아웃소싱을 결합하면 직송drop shipping이라는 개념이 된다. 여기서는 제품을 판매하되 공급망 전체를 외주로 맡기므로 사업 자체를 원격으로 운영할 수 있고, 잘 구축하면 최소한의 개입으로도 지속 가능한 자립형 사업으로 쉽게 전환할 수 있다.

이 개념은 좀 더 창의적인 사업 아이디어에도 적용될 수 있다. 최근의 기술 혁신 덕분에 주문형 인쇄 서비스의 실용성과 접근성이 크게 향상되었다. 의류, 인테리어, 서적 등 어떤 제품이든 디자인한 뒤 기존 서비스와 인프라를 이용해 고객에게 제품을 배송하기만 하면 된다.

이는 인터넷을 통해 제공되는 자원과 기술 덕택에 더욱 활성화된 몇 가지 사례다. 궁극적으로 어떤 종류의 사업이 자신과 목표에 가장 잘 맞는지 결정하는 것은 당신의 몫이다. 정찰과 분석을 통해 최적의 사업을 찾아내는 것이 중요하다.

재평가로 지속 가능한 성공 이어가기

해커 방법론의 마지막 단계가 사업 맥락에서 어떻게 구현되는지 살펴보자. 자신에게 가장 적합한 사업 유형을 결정하고 정찰과 분석을 마친 뒤 사업 계획을 세워 실행했는데, 일이 예상대로 풀리지 않을 수 있다.

비즈니스를 하나의 복잡한 시스템으로 인식하고, 그 시스템의 다양한 요소를 분석하여 혁신적인 돌파구를 찾아내는 것이 해커 사고방식의 핵심이다. 여기서는 해커의 피벗 원칙이 중요한 역할을 한다. 한발 물러서서 어떻게 하면 상황을 바꿀 수 있을지 자문해야 한다.

제품이 적절하지 않았나? 제품을 더 실용적으로 만들기 위해 조정할 부분이 있을 수 있다. 또는 처음에 파악한 문제에 대한 해결책을 시장에서 적합하게 받아들이는지 물어볼 수 있다. 그 해결책이 시장에 더 잘 맞도록 작동 방식을 변경할 수도 있다.

시장에 맞지 않는 제품일 수 있고(제품-시장 적합성), 사용 가능한 플랫폼에 맞지 않을 수도 있으며(제품-플랫폼 적합성), 심지어 창업자 자신에게도 맞지 않을 수 있다(제품-창업자 적합성). 시장 측면에서는 사람들의 문제를 해결하거나 욕구를 충족하려 했던 방식이 제대로 작동하지 않았을 수 있다.

플랫폼 관점에서 보면 구글, X 등 제품이 사람들에게 닿는 주요 채널을 우리가 통제할 수 없다는 점을 인식해야 한다. 플랫폼은 자체적으로 콘텐츠 유통 규칙을 정하므로 제품이 이에 부합하는지 확인해야 한다. 자신에게 맞는 제품이라면 시장 틈새를 발견하고 이를 채울 방법을 찾겠지만, 열정을 쏟을 수 없는 제품이라면 성공 가능성이 낮다. 한 걸음 물러나 개선 방안을 찾는 것이 매우 중요하다.

해커 방법론의 진정한 힘은 그 순환적 특성에 있다. 이는 단순한 반복이 아닌, 경험을 통해 얻은 지식을 바탕으로 끊임없이 진화하는 과정이다. 초기의 정찰과 분석 단계로 돌아가되, 이번에는 새로운 통찰력으로 무장하여 전략을 재조정하고 정교화한다. 이러한 접근은 성공 가능성을 대폭 높이는 열쇠가 된다.

설령 사업이 예상대로 흘러가지 않더라도, 해커의 피벗 원칙은 이를 귀중한 학습 경험으로 바꾼다. 실패는 단순한 좌절이 아닌, 다음 도전을 위한 소중한 자산이 된다. 표면적으로는 목표 달성에 실패했을지 모르나, 그 과정에서 얻은 깊이 있는 이해와 경험은 미래의 성공을 위한 강력한 토대가 된다.

사업이 성공했더라도 재평가가 필요하다. 해커 사고방식을 나타내는 진자를 떠올려라. 성공했다고 실행에만 매몰되면 안일함과 정체를 낳을 수 있으므로 실행에 집착해선 안 된다. 항상 계획과 실행 사이를 오가야 한다. 성공적인 사업을 일궜지만 그것이 모든 것의 끝일까?

사업에서 성공을 거둔 후 오히려 목표가 바뀔 수 있다. 사업을 크게 확장하고 싶을 수도 있고, 다른 벤처에 뛰어들고 싶을 수도 있다. 사업을 매각해 큰돈을 벌고, 그 돈을 투자해 안정적인 수입을 확보한 후 여유로운 삶을 살고 싶을 수도 있다. 이는 다음 장에서 자세히 다룰 것이다! 결국 해커 사고방식은 하나의 목표 달성뿐 아니라, 그 목표가 무엇이든 삶이 원하는 방향으로 나아가도록 지속적으로 관리하는 것이다.

13

재정 시스템 해킹: 부자들의 돈 관리 비밀 파헤치기

개인 재무 관리의 모범 사례로 워런 버핏의 투자 철학을 살펴보자. 워런 버핏은 세계적으로 인정받는 최고의 투자자 중 한 명으로, 탁월한 투자 철학과 전략으로 엄청난 부를 축적했다. 모든 이가 워런 버핏 수준의 재정적 성공을 이룰 순 없지만(모두가 억만장자가 된다면 인플레이션은 하늘을 찌를 것이다), 그의 성공에 크게 기여한 몇 가지 기본 원칙은 누구나 적용할 수 있다. 워런 버핏이 해커는 아니지만, 그의 투자 접근법은 집중력과 인내, 철저한 분석에 기반해 있으며, 많은 성공한 투자자 및 재무 관리자들이 채택하는 방식으로 해커 사고의 핵심 원리와 통한다.

부모 세대와는 다른 재정 현실: 새로운 접근

재정적 독립을 추구할 때 첫 단계는 생활에 필요한 정확한 자금 규모를 파악하는 것이다. 이는 해커 방법론을 재정에 적용할 때 목표 단계의 핵심 질문이며, 전반적인 전략 결정에 중요하므로 이 부분에 먼저 초점을 맞추겠다.

많은 이들이 부모 세대보다 높은 명목 수입을 근거로 재정적 안정을 느끼는 실수를 범한다. 부모를 기준으로 삼는 것은 자연스럽다. 성장기 내내 부모가 주된 참고 대상이고, 인생의 기대치도 대개 부모에 의해 형성되기 때문이다. 하지만 상황은 변했고, 부모 세대가 성공할 수 있었던 환경은 현재와 다르다.

베이비붐 세대가 밀레니얼에게 "열심히 일하고, 저축하고, 불필요한 사치를 줄이면 집 한 채는 살 수 있지"라고 조언하는 온라인 밈은 세대 간 경제 현실의 차이를 명확하게 보여준다. 이 밈은 유머러스하게 보이지만, 5만 달러로 집을 살 수 있을 때 통하던 접근법이 40만 달러를 넘는 지금은 먹히지 않는다는 심각한 현실을 강조한다. 인플레이션과 수년간의 전반적인 생활비 상승으로 인해 많아 보이는 돈이 실제로는 그리 큰 구매력을 갖지 못하는 상황이다.

이처럼 현대 경제 환경에서는 단순히 열심히 일하고 저축하는 것만으로는 재정적 성공을 이루기 어렵다는 점을 인식해야 한다. 효과적인 재정 관리는 급여나 사업 수입 외에 추가적이고 안정적인 수입원을 개발하여 궁극적으로는 이를 주 수입원으로 대체하는 것을 목표로 한다.

언제나 그렇듯, 돈 관리에 적극적으로 나설 때는 현실적인 접근법을 취하고 장단점을 고려하는 게 좋다.

우선, 개인 재정을 성공적으로 관리하려면 상당한 인내심이 필요하다. 하룻밤 사이에 100달러를 200달러로 만드는 마법은 없다. 투자로 막대한 수익을 올릴 순 있지만, 대개 엄청난 운에 의존하는 경우가 많아 신뢰하기 어렵다. 실효성 있는 장기 투자 전략은 초기에 견고한 계획을 세우고, 시간이 지나며 필요한 미세 조정만 하며 꾸준히 실행하는 것이다.

인내심과 더불어 재정 관리에 필수적인 요소는 자제력이다. 특히 일부 사기꾼이 주식 거래로 큰돈을 벌었다고 하는 자랑을 들으면, 매일매일 사고파는 데이트레이딩의 이익에 혹하기 쉽다. 그들은 손실보다 승리를 자랑할 가능성이 훨씬 높다. 장기적으로는 (덜 흥미진진하더라도) 합리적 계획을 고수하는 것이 거의 항상 더 낫다.

긍정적 측면은 전체 과정이 그리 어렵지 않다는 것이다. 모든 게 무척 단순한 수학적 원리로 귀결되며, 일단 체계를 잡으면 시스템이 알아서 돌아간다. 체계적인 재정 관리 시스템을 구축하면, 지속적인 걱정이나 의사결정 없이도 대부분의 과정이 자동화될 수 있다. 목표를 변경해야 할 때는 간헐적인 조정이 필요할 수 있지만, 대부분의 경우 시스템이 자동으로 작동하므로 과도한 개입이 필요하지 않다.

일상에서 숨은 기회 찾기

개인 재정 관리의 핵심 목표는 자금의 효율적 운용과 최적화다. 재정 관리에는 여러 목표가 있지만, 재정적 최적화가 가장 중요하다. 여기서는 장기적 재무 관리를 위한 초기 자본의 필요성을 살펴보려 한다. 대부분의 자본은 직장이나 사업을 통한 소득에서 나온다. 앞서 소득 극대화 방법을 다뤘지만, 몇 가지를 더 살펴볼 필요가 있다.

첫째, 지출을 줄이는 것보다 수입을 늘리는 것이 더 쉬운 경우가 많다. 사치품 소비 습관을 바꾸긴 어렵지만, 수입을 늘리는 것은 상대적으로 수월하다. 해커 방법론을 통한 수입 증대와 함께, 다양한 부수입원 발굴이 중요하다. 본업 외 수입원이나 아르바이트 기회를 찾아보자.

일상에서 수입을 늘릴 수 있는 최적화 방법도 있다. 신용카드의 캐시백이나 리워드 제도를 활용하는 것이다. 신용카드를 위험하게 보는 시각이 있지만, 전략적으로 활용하면 이득이 된다. 매월 잔액을 모두 갚아 이자를 내지 않으면서 4~5% 캐시백을 받으면 작은 금액이 쌓여 이익이 된다. 코스트코의 주유 할인처럼 곳곳의 절약 기회도 활용하자.

지리적 차익도 고려할 만하다. 생활비가 저렴한 곳으로 이사해 같은 삶의 질을 유지하며 지출을 줄이는 방법이다. 원격 근무가 가능하다면 물가가 낮은 태국이나 말레이시아 같은 국가로의 이 주도 검토할 수 있다. 또는 소득세가 없는 미국의 네바다, 워싱턴, 알래스카 등으로 이전할 수도 있다. 이사는 번거롭지만, 상황에 따라 현실적인 선택일 수 있다.

그 외에도 각자의 상황에 맞는 작은 기회를 활용하자. 많은 회사가 제공하는 퇴직연금 매칭이나 직원 교육 지원 혜택 같은 제도를 놓치지 말아야 한다. 대부분의 직원이 이런 혜택을 제대로 활용하지 못한다.

인생의 중요한 경험을 놓치지 않으려면

돈은 분명 최적화의 핵심이지만, 개인 재무 관리 목표를 정할 때는 다른 기준도 고려해야 한다. 시간이 중요한 요소다. 재정 관리의 명확한 목표는 투자 수익으로 더 일찍 은퇴하는 것이다.

전통적 은퇴 연령은 65세지만, 최근 분석은 주거비와 생활비 상승으로 은퇴 시기가 늦춰지고 있음을 보여준다. 현재 대학 졸업생들은 75세 은퇴가 더 현실적이다. 이는 기다림이 길어지고 노후를 즐길 시간이 줄어든다는 뜻이다. 현실에 안주하면 75세까지 일해야 하지만, 적극적으로 대안을 찾는다면 조기 은퇴의 길을 열 수 있다. 임종 때 일을 더 못한 것을 후회하는 사람은 없다. 사람들이 후회하는 건 언제나 다른 것이고, 조기 은퇴는 그런 삶을 살 기회를 준다.

조기 은퇴 외에도 다양한 은퇴 형태를 고려해 개인에게 맞는 은퇴 계획을 세워야 한다. 한 옵션은 완전 은퇴 전에 파트타임으로 일하는 '절반 은퇴' 기간을 갖는 것이다. 초기에 더 많은 시간을 확보할 수 있지만, 완전 은퇴는 늦어질 수 있다.

팀 페리스가 대중화한 '미니 은퇴'도 있다. 1년 정도 쉬었다가 복귀하고, 나중에 또 다른 미니 은퇴를 갖는 방식이다. 완전 은퇴까지 더 오래 걸리지만, 젊었을 때 원하는 일을 할 수 있는 시간이 늘어난다. 나이 들어서는 하기 힘들거나 하기 싫은 일을 젊을 때 경험할 수 있다.

마지막으로 '타임 버킷' 개념은 인생의 각 단계에서 의미 있는 경험을 할 수 있게 재정을 계획하는 방법이다. 특정 경험을 더 많이, 더 의미 있게 할 적기가 있다는 뜻이다. 평생 스키를 타고 싶다면 70세까지 기다릴 필요가 없고, 세계일주는 20~40대가 더 적합하다. 나이가 들어 하기 힘든 경험들이 있다. 재정 계획을 잘 세

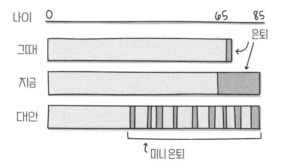

우면 이런 경험을 놓치지 않을 수 있다. 30세에 몇 년간 쉬며 세계 일주를 하고 싶다면, 그때 쓸 자금이 있도록 일찍부터 투자 전략을 짜야 한다.

은퇴 걱정 없게 하는 조기 투자의 힘

은퇴 후 어떤 라이프스타일을 원하는지, 그것이 투자 전략에 어떤 영향을 미칠지도 생각해야 한다. 이는 특히 파이어(FIRE: Financial Independence Retire Early, 재정적 독립과 조기 은퇴) 커뮤니티 회원들이 탐구해온 아이디어다. 그들은 자신이 원하는 라이프스타일을 아는 것이 재정적 독립 전략을 세우는 데 얼마나 중요한지를 강조한다. 은퇴 후 검소한 삶을 살겠다면 투자 금액이 그리 많지 않아도 된다. 이를 LeanFI(Lean Financial Independence, 저비용 재정 독립)라 한다. 반대로 은퇴 후 여유로운 삶을 원한다면 은퇴 시점에 더 많은 돈을 투자해야 하는 FatFI(고비용 재정 독립)를 택하면 된다.

이 두 전략이 라이프스타일의 중요성을 강조하지만, 현명한 자금 관리의 진정한 잠재력은 CoastFI(관성적 재무 독립)에서 찾을 수 있다. CoastFI는 '관성'이라는 단어가 암시하듯, 한번 궤도에 올려놓으면 자연스럽게 목표에 도달하는 전략이다. 은퇴 희망 연령과 그때 필요한 생활 수준을 먼저 정하고, 이를 달성하는 데 필요한 초기 투자금을 정확히 계산한다. 이렇게 계산된 금액을 젊은 시절에 한번 투자해두면, 복리의 마법으로 은퇴 시점까지 목표 금액에 자연스럽게 도달하게 된다.

이는 마치 우주선이 지구 궤도를 이탈하는 데 필요한 초기 추진력을 계산하는 것과 비슷하다. 일단 정확한 속도와 방향으로 발사되면, 이후에는 추가 연료 없이도 목적지에 도달할 수 있다. 재정적으로도 이와 같은 원리가 적용된다. 20대나 30대 초반에 적절한 금액을 투자해두면, 그 이후에는 추가 저축 없이도 은퇴 자금이 자연스럽게 늘어난다. 이는 급여나 사업 소득을 온전히 현재의 삶을 위해 쓸 수 있다는 뜻이다. 호화로운 휴가를 떠나거나, 취미 생활에 투자하거나, 혹은 수입이 적더라도 더 의미 있는 일을 선택할 자유가 생기는 것이다.

행복이 최고의 투자다

마지막으로, 목표 설정에서 가장 중요한 것은 자신의 행복이라는 점을 인식하자. 자신의 선호도가 이 과정에서 핵심 요소가 된다.

예컨대 나는 운전을 자주 하지 않는다. 자동차 보험 기준으로 나는 '저마일리지' 등급이다. 논리적으로 보면 차를 없애고 외출 때마다 택시나 대중교통을 이용하는 것이 더 경제적일 수 있다. 그러나 나는 차를 소유하는 걸 좋아하고, 드물지만 운전할 때마다 그 순간을 즐긴다. 비록 재정적으로 최적의 선택은 아닐지라도, 간헐적인 운전이 주는 만족감 때문에 이를 재무 전략에 포함시킨다.

이는 시간의 가치를 다시 생각하게 한다. "시간은 돈"이란 말은 일리가 있다. 수입을 위해 시간 투자가 필요한 경우가 많다. 이런 관점에서 집안일을 외주화하는 게 이득일 수 있다. 가사도우미 비용보다 그 시간에 더 많은 수입을 올릴 수 있다면 재정적으로 이익이다. 하지만 시간은 돈 이상의 가치가 있다. 시간 자체로도 충분한 가치가 있고, 삶의 질을 높여준다.

집을 사는 일은 대부분의 사람에게 평생의 가장 큰 재정적 결정이며, 이때 발생하는 주택담보대출은 현명하게 활용하면 오히려 재테크의 기회가 될 수 있다. 예를 들어 모기지 이자율이 3%인데 안정적인 투자처에서 7%의 수익을 올릴 수 있다면, 서둘러 대출금을 갚는 대신 그 돈을 투자하는 것이 더 현명할 수 있다. 단순 계산으로도 4%의 순이익이 발생하며, 이는 '좋은 부채'를 활용한 레버리지 효과다. 더구나 모기지는 필요할 때마다 재융자를 통해 기간을 조정할 수 있어 유연성도 높다.

하지만 모든 재정적 결정이 그렇듯, 이 역시 개인의 성향과 가치관에 따라 달라질 수 있다. 수학적으로는 투자가 유리하더라도, 빚에 대한 심리적 부담이 크다면 모기지를 빨리 상환하는 것이 더 나은 선택일 수 있다. 대출 없는 내 집을 소유했을 때 느끼는 안정감과 평화로움이 투자 수익보다 더 가치 있을 수 있기 때문이다.

결국 재정적 결정은 단순히 숫자의 게임이 아니라, 자신의 행복과 안녕을 고려한 총체적 판단이어야 한다. 이처럼 개인의 상황과 선호도에 맞는 명확한 목표 설정이 해커 방법론의 첫걸음이 되어야 한다.

워렌 버핏이 추천하는 안정적 투자 전략

재정 시스템을 들여다보면 몇 가지 분명한 결론이 보인다. 주식 직접 거래로는 확실한 재정적 성공을 이루기 어렵다. 주식으로 성공한 이들은 대개 시장 예측 능력이 뛰어났다고 하고, 실패한 이들은 운이 나빴다고 한다. 운이 지나치게 큰 영향을 미치므로, 이는 신뢰할 만한 개인 재정 전략이 될 수 없다.

모든 시스템에서 운의 영향을 줄이는 방법은 체계적 반복이다. 동전 한 번의 결과는 예측할 수 없지만, 천 번 던지면 약 절반은 앞면이 나올 것이라 확신할 수 있다. 투자에서 이런 반복적 접근은 다각화로 실현되며, 이는 단일 주식 집중 대신 분산 투자로 안정성을 추구하는 전략이다. 인덱스펀드는 다우존스나 S&P 500 같은 시장 지수를 따라 해당 기업들의 주식을 자동 매입한다.

인덱스펀드의 핵심은 다각화다. 투자 전문가들은 "분산 투자"를 강조한다. 포트폴리오를 다양화하면 위험을 분산할 수 있고, 일부 주식이 하락해도 다른 주식이 상승할 수 있어 현명하다. 미국 전체나 각국 주식시장을 추적하는 지수도 있다. 이런 다양한 포트폴리오로 안정적인 연간 수익을 얻을 수 있다. 인덱스펀드는 시장을 따라 등락하지만, 장기적으로 미국 주식시장은 연 10% 수익률을 보이며, 물가상승률 3%를 감안하면 연 7% 실질 수익을 기대할 수 있다. 이것이 재정 관리의 완벽한 도구인 이유다.

워런 버핏도 2017년에 인덱스펀드를 지지하며 이렇게 말했다. "월스트리트의 높은 수수료 운용은 고객이 아닌 매니저에게 큰 수익을 안긴다. 대형과 소액 투자자 모두 저비용 인덱스펀드를 고수해야 한다." 매우 적절한 지적이다. 고객을 대신해 적극적으로 매매하는 증권사와 투자 매니저들은 거래 성공과 무관하게 수수료로 수익을 낸다. 더 많은 고객 수익이 더 큰 수입으로 이어지므로 수익 창출 동기가 없진 않지만, 어쨌든 그들도 이익을 본다. 이때 모든 위험은 고객이 감수한다. 반면 인덱스펀드는 위험이 최소화되고, 자동 운용으로 수수료도 최소화된다.

복리의 힘: 시작은 느리지만 증가 속도가 빠르다

7%의 투자 수익률은 작아 보일 수 있다. 1,000달러 투자시 첫해 70달러 수익은 큰돈이 아니다. 하지만 다음 해 1,070달러로 74.50달러, 그 다음해 80.14달러로 수익이 늘어나며, 증가 속도도 빨라진다. 이것이 복리 효과로, 기하급수적 성장의 원리와 같다.

'기하급수적 증가'는 보통 매우 빠른 성장을 의미하지만, 실제로는 더 복잡하다. 기하급수적 성장은 "매우 천천히 시작하지만, 증가할수록 속도도 빨라져서" 일단 시작되면 급격히 불어난다. 복리도 마찬가지다.

이는 시장에서 시간의 중요성을 보여준다. 현명한 재정 관리는 장기적으로 자산을 안정적으로 성장시키는 것이다. 워런 버핏이 억만장자가 된 것도 50대에 이르러서였다. 그의 순자산 그래프는 처음엔 천천히, 나중엔 매우 빠르게 증가하는 기하급수 곡선과 거의 같다.

복리 이자 계산은 원리상 단순하나 실제론 복잡할 수 있다. 이를 위한 좋은 지름길이 '72의 법칙'이다. 72를 이자율로 나누면 "투자금이 두 배가 되는 대략적 시간"을 알 수 있다. 예를 들어 연 7% 수익률이면 72÷7=10.3이므로, 투자금이 두 배가 되는 데 약 10년이 걸린다. 1,000달러는 10년 후 2,000달러, 50년 후 약 32,000달러가 된다. 물론 초기 투자금이 많을수록 더 큰 수익을

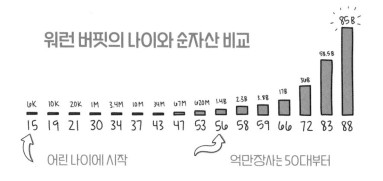

얻고, 중간에 추가 투자도 가능하다.

돈을 쓰면서도 부를 유지하는 방법: 25의 법칙

복리의 힘은 재산을 불리는데 효과적이지만, 돈 모으기는 단순한 축적이 목적이 아니다. 궁극적으로는 그 돈을 쓰고, 일을 그만두고 재정에 의지해 살고 싶기 때문이다. 관건은 돈을 쓰면서도 지속적으로 의지할 수 있는 투자금을 유지하는 것이다.

텍사스 트리니티 대학의 연구는 '안전한 인출률' 4%를 제시했다. 매년 총 투자금의 4%를 인출해도 시장 변동성과 인플레이션을 견디며 지속적 성장이 가능하다는 것이다. 이는 장기적으로 안정적인 전략이 될 수 있다.

여기서 '25의 법칙'이 나온다. 은퇴 후 원하는 연간 수입에 25를 곱하면 필요한 총 투자금이 산출된다. 린파이LeanFI와 팻파이FatFI도 이 원리에서 비롯되었다. 원하는 생활 수준을 정하면 필요한 저축액을 계산할 수 있다.

이를 '72의 법칙'과 결합하면 은퇴 계획을 위한 강력한 공식이 완성된다. 먼저 은퇴 후 필요한 연간 수입을 결정한다. 검소한 삶을 살지, 풍요로운 삶을 추구할지에 따라 비용이 달라진다. 여기에 25를 곱하면 은퇴 시점의 목표 금액이 나온다. 은퇴 시기를 정하면, 72의 법칙으로 목표 달성에 필요한 투자액을 산출할 수 있다 (더 정확한 계산이 필요하다면 실제 복리 수익률이나 온라인 계산기를 활용하라).

예를 들어 30년 후 은퇴하여 연 3만 달러의 소득을 원한다면, 필요한 총액은 75만 달러(3만×25)다. 연 7% 수익의 인덱스펀드는 10년마다 두 배로 불어나므로, 30년 후 75만 달러를 만들려면 현재 53,750달러를 투자해야 한다. 오늘부터 30년 후 목표인 75만 달러에 도달하려면 지금 당장 투자해야 할 금액이 바로 이렇다.

25의 법칙

당신의 은퇴 플랜

4퍼센트 법칙

당신이 투자해야 할 돈	당신에게 필요한 돈		
	매일	매달	매년
$2,500,000	$274	$8,333	$100,000
$2,250,000	$247	$7,500	$90,000
$2,000,000	$219	$6,667	$80,000
$1,750,000	$192	$5,833	$70,000
$1,500,000	$164	$5,000	$60,000
$1,250,000	$137	$4,167	$50,000
$1,000,000	$110	$3,333	$40,000
$750,000	$82	$2,500	$30,000
$500,000	$55	$1,667	$20,000
$250,000	$27	$833	$10,000

이것이 가능하다면 CoastFI 상태에 도달한 것이다. 은퇴를 위한 재정적 기반이 마련된 셈이다.

당장 큰 금액을 투자하기 어렵다면 점진적으로 시작하면 된다. 미스터 머니 머스타시는 정기적인 투자의 힘을 보여준다. 그는 일

저축율	은퇴까지 몇 년을 더 일해야 할까
5	66
10	51
15	43
20	37
25	32
30	28
35	25
40	22
45	19
50	17
55	14.5
60	12.5
65	10.5
70	8.5
75	7
80	5.5
85	4
90	<3
95	<2
100	0

시에 일정 금액을 투자하고 나머지는 모두 복리에 맡기기보다는, 꾸준히 소득의 일부를 저축하고 투자하면 복리 효과와 함께 은퇴 자금을 더욱 신속히 늘릴 수 있으리라 생각했다. 이런 식으로 그는 소득의 50%를 저축하고 이를 믿을 만한 인덱스펀드에 투자하면 17년 만에 은퇴할 수 있다는 결론을 내렸다.

그리고 이는 해커 방법론의 실행 단계와 직결된다. CoastFI를 선택했다면 상당액을 인덱스펀드에 투자하고 기다리면 되지만, 더 적극적인 계획을 세웠다면 목표 달성까지 꾸준히 실천해야 한다. 머니 머스타시처럼 소득의 50%를 투자하기로 했다면, 수입 절반만 쓸 수 있다는 현실을 받아들이고 전략이 성과를 낼 때까지 일관되게 실행해야 한다.

변화하는 인생 목표에 따른 투자 계획 조정

자, 이제 당신은 목표를 세웠고 은퇴 시기와 희망하는 소득 수준을 파악했다. 모든 계산을 끝내고 투자액과 시기를 정했으며 투자 계획을 실행 중이다. 이제 모든 게 저절로 풀리기를 기다리며 큰 조정 없이 그 계획대로 하면 된다. 하지만 목표는 바뀔 수 있다.

25배 법칙과 4% 안전 인출률은 인플레이션을 감안하더라도 투자 원금을 영구히 유지한다는 전제에 기초한다. 하지만 누구도 영원히 살 수 없고, 재산 역시 영구적일 수 없다. 따라서 원금을 영구 보존하기보다는, 더 높은 비율로 인출해 기금이 소진되더라도 생존 기간 동안 더 풍족한 삶을 누리는 것도 하나의 방법이다.

상황에 따라 자녀에게 유산을 남기고 싶을 수도 있고, 반대로 자녀 계획이 바뀔 수도 있다. 또는 애초의 검소한 은퇴 계획에서 벗어나 더 여유로운 노후를 원하게 될 수도 있다.

이처럼 생활방식이 바뀌면 재무 목표도 변하고, 자연스럽게 투자 전략도 조정이 필요하다. 5년마다, 또는 결혼이나 이사처럼 인생의 큰 전환점마다 목표를 재검토해야 한다. 재무 목표가 여전히 자신의 바람과 일치하는지, 그렇지 않다면 어떻게 조정해야 하는지 점검함으로써 어떤 상황에서도 재정적 자유를 향한 올바른 방향을 지켜나갈 수 있다.

나가는 말

시스템을 뛰어넘어
당신의 삶을 살아라

이 책에서 우리는 해커들의 시스템 활용 기술을 분석하고, 이를 삶의 다양한 측면에 적용할 수 있는 방법을 탐구했다. 해커의 사고방식과 해태(懈怠)의 사고방식의 차이를 확인했다. 핵심적으로, 해커 마인드의 본질은 진자와 같이 계획과 실행 사이에서 끊임없이 균형을 잡는 과정임을 확인했다.

해커들은 몇 가지 핵심적인 자질을 지니고 있다. 새로운 시도에 대한 호기심, 지속적 개선을 향한 추진력, 위험을 감수하는 용기, 역경을 이겨내는 인내력, 현실적 판단력, 그리고 최소 노력으로 최대 효과를 추구하는 효율성이 그것이다. 이러한 특성들을 결합해 더 강력한 초특성을 만들어내는 방법도 다루었다.

이를 통해 해커의 원칙들에 대해 알아봤다.

첫 번째 해커 원칙은 목표 달성을 위한 적극적 태도의 중요성을 강조하며, '공격적'이란 표현이 반드시 적대적 의미가 아님을 명확히 했다.

두 번째 원칙에서는 리버스 엔지니어링을 통해 기존 시스템의 한계를 분석하고 극복하는 방법의 이점을 탐구했다.

세 번째 원칙은 주변의 활용 가능한 자원을 효과적으로 이용하는 것이 해커 마인드의 핵심 요소임을 강조했다.

네 번째 원칙에서는 위험 관리 전략으로 기댓값 계산과 비용-이익 분석의 중요성을 설명했다.

다섯 번째 원칙에서는 사회공학 개념과 인간의 상호작용 및 기대치를 이용하는 것이 시스템 작동에 얼마나 중요한지 살펴봤다.

마지막 여섯 번째 원칙에서는 예기치 않은 상황에서 필요에 따라 계획을 수정하고, 그 과정에서 얻은 모든 지렛대를 활용하는 피벗의 중요성을 강조했다.

그런 다음 이 책의 핵심이라 할 수 있는 해커 방법론에 도달했다. 먼저 미시적이든 거시적이든 달성하고자 하는 목표가 무엇인지 정확히 결정해 목표를 설정한다. 그다음엔 정찰을 보내 정보를 모으고 관련 시스템에 대해 알아야 할 모든 것을 습득한다. 그런 후 수집한 정보를 처리하고 실행 계획을 철저히 세워 분석을 수행한다. 다음 단계에선 계획을 실행에 옮기되 계획 단계에서 멈추지 않도록 주의한다. 해커 방법론의 마지막이자 가장 중요한 단계는 재평가다. 여기서는 계획이 얼마나 잘 진행되고 있는지, 조정이 필요한지, 목표에 변화가 있었는지 등을 따져본다. 아니면 그냥 프로젝트의 성공을 자축하고 다음 과제로 나아갈 수 있을지 고민할 수도 있다. 이 방법론의 마지막 단계는 첫 번째 단계로 돌아가는데, 이런 순환적 성격 덕분에 해커 방법론은 늘 최상의 상태를 유지할 수 있다.

이러한 방법론의 실제 적용 사례도 살펴보았다. 직장에서는 수입 증대, 승진과 연봉 인상, 첫 직장 구하기 등에 해커 마인드를 적용할 수 있다. 사업에서는 자신에게 적합한 사업을 찾고 성공 가능성을 높이는 데 활용할 수 있으며, 재정적 자유를 통한 원하는 시기의 은퇴 실현에도 도움이 된다.

해커 마인드가 실제 작용하는 몇 가지 사례를 든 것일 뿐, 잠재적인 적용 방식은 실로 무궁무진하다. 교육도 해킹할 수 있는 시스템으로 이루어져 있으므로 성적을 올리거나 그냥 더 많이 배우고 싶다면 해커 마인드가 도움이 된다. 아니면 일상의 생산성을 높이고 싶을 때도 해커 사고방식을 적용하면 그 목표를 이룰 수 있다. 연애 또한 하나의 시스템이므로 연애를 개선하고픈 마음이 있다면 해커 마인드로 접근하면 된다. 그리고 이것은 빙산의 일각에 불과하며, 얼마나 더 많은 가능성이 열릴지 가늠하기 어려울 정도다.

그 어느 때보다 해커가 필요하다

세상에서 거대한 기계의 톱니바퀴로 살아가는 것에 만족하는 사람이 너무 많다. 질문하지 않고 있는 그대로를 받아들이며, 완벽하진 않아도 "이 정도면 충분하다"라는 생각이다. 자신이 바라는 바를 이루지 못하고 있다고 느끼거나 업무에 갇혀 있다고 생각하지만, 시스템을 제대로 들여다보지 못하고 극복할 방법을 모른다.

기업은 점점 더 거대해지고, 더 영리해지고, 더 무자비해졌다. 대기업은 시스템 활용법을 손에 넣었으며, 근본적으로 직원 복지가 아닌 이익으로 움직인다. 많은 사람이 복잡한 시스템 속 자동화된 부품으로 살아가면서도 이를 개의치 않으며, 자신의 삶이 어떻게 통제되고 있는지조차 인식하지 못한다. 기업에서와 마찬가지로, 사회에서도 의심 없이 그저 규칙에 따라 단순히 행동할 때 승리하는 건 당신이 아니라 위에 있는 자들이다. 이를 바꾸기 위해 해커 사고방식이 필요하다.

우리는 자신의 운명을 스스로 돌봐야 한다. 흐름을 따라가기를 그만두고, 현상 유지나 남들이 시키는 문제 해결의 부속품이 아닌 다른 삶을 살아야 할 필요가 있다. 더 많은 사람이 이런 시스템에서 벗어나 자신의 열망과 목표를 좇는다면 세상은 더 나은 곳이 될 것이다. 이것이 해커 마인드셋의 궁극적 사명이다.

해커의 사고방식은 탁월한 평등화 도구다. 자유를 누리고 시스템을 우리 편으로 만듦으로써 우리는 자기 본연의 힘을 되찾고 더 균형 잡힌 사회를 향해 나아갈 수 있다.

이 책은 시작에 불과하다. 해커 마인드의 원칙과 방법론을 제시했지만, 이를 직업, 사업, 재정, 생산성, 연애 등 다양한 영역에 적용하고 실천하는 것은 독자의 몫이다. 해커와 같은 호기심과 용기로 주변 시스템과 해커 사고방식 자체의 한계를 뛰어넘어, 새롭고 창의적인 방법을 탐구하기를 바란다.

이제 당신이 해커 마인드를 활용하여 세상을 변화시킬 차례다!

감사의 말

책을 쓰는 과정에서 나를 도와준 팀원, 친구, 가족에게 진심으로 감사드린다. 여러분 모두 정말 믿을 수 없을 만큼 대단하다. 많은 사랑을 보내며 곧 다시 만나길 바란다.

하산 쿠바, 후세인 아지나, 애쉬 알리, 제이슨 바톨로뮤, 매트 홀트, 케이티 딕먼, 알렉스 차베리아트, 매트 멀린스, 토드 브리슨, 존 핑겔턴, 트루디 어필드, 리즈 와닉, 조 그랜드, 야시스, 스티븐 토마스, 리 앤더슨, 쿠르트 그루츠마허, 피터 김, 마르텐 미코스.

러스티 후버, 트로이 브라운, 저스틴 트루질로, 조슈아 마펫, 마이크 맥퍼슨, 메이 맥도너, 마브 화이트, 자크 블랜차드, E 피어스, 앤드류 슈마테, 짐 호프스티, Gr3y R0n1n, 샘 에스트렐라, 르네 앨더먼, 케빈 스기하라, 레이첼 스기하라, 짐 맥머리, 드라고 루우, 러스 보드니크, 제러마이야 그로스만, 재크 라니에, 윌로 사나, 그레샴 로크너, 타이난, 파멜라 나로스키, 앤드류 허튼, 라훌 브람밧, 알마 룩투, 조던 그루멧, 궤른 메르츠, 앰벌리 그랜트, 트래비스 마르지아니, 앤드류 유데리안, 알리 압달, 이안 쇤,

앤드류 베리, 마리 풀랭, 로비 크랩트리.

　스티븐 코스폴리치, 데빈 어텔, 앨리슨 위키오프, 마일스 트레이시, 세스 브롬버거, 지미 당, 찰스 차이, 케빈 루크, 아드리안 홀긴, 지아 예, 닉 바로니안, 피에랄베르토 디가넬로, 닉 스타네스쿠, 조 레너드, 제레미 브라더튼, 게리 콜린스, 매트 쉴레스, 이준호, 제레미 쉴리, 안토니 그랑들, 케빈 방, 데이브 케네디, 샤논 모스, 제이슨 블랜차드, 대런 키친.

추천 도서

4장. 공격적 태도: 수동적 삶에서 벗어나기

Allende, Sam Connif. *Be More Pirate, or How to Take on the World and Win.* New York: Touchstone, 2018.

Lafley, A. G. *Playing to Win: How Strategy Really Works.* Boston: Harvard Business Review Press, 2013.

5장. 역추적 사고: 목표에서 현재로 거꾸로 생각하기

Bet-David, Patrick. *Your Next Five Moves: Master the Art of Business Strategy.* New York: Gallery Books, 2020.

Friedman, Ron. *Decoding Greatness: How the Best in the World Reverse Engineer Success.* New York: Simon & Schuster, 2021.

6장. 리소스 해킹: 무에서 유를 창조하는 법

Ferriss, Tim. *The 4-Hour Chef: The Simple Path to Cooking Like a Pro, Learning Anything, and Living the Good Life.* Boston: New Harvest, 2012.

Kaufman, Josh. *The First 20 Hours: How to Learn Anything-Fast.* New York: Portfolio/ Penguin, 2013.

Kleon, Austin. *Steal Like an Artist: 10 Things Nobody Told You About Being Creative.* New York: Workman, 2012.

Sullivan, Dan. *Who Not How: The Formula to Achieve Bigger Goals Through Accelerating Teamwork*. Carlsbad, CA: Hay House, 2020.

7장. 리스크 관리: 계산된 모험을 하는 법

Duhigg, Charles. *Smarter Faster Better: The Secrets of Being Productive in Life and Business*. New York: Random House, 2016.

Duke, Annie. *How to Decide: Simple Tools for Making Better Choices*. New York: Portfolio, 2020.

Duke, Annie. *Thinking in Bets: Making Smarter Decisions When You Don't Have All the Facts*. New York: Portfolio/Penguin, 2018.

Koch, Richard. *The 80/20 Principle: The Secret to Achieving More with Less*. New York: Doubleday, 1999.

8장. 소셜 엔지니어링: 인맥을 활용한 목표 달성

Carnegie, Dale. How to *Win Friends and Influence People*. New York: Simon & Schuster, 1936.

Hadnagy, Christopher. *Human Hacking: Win Friends, Influence People, and Leave Them Better Off for Having Met You*. New York: Harper Business, 2021.

Voss, Chris. *Never Split the Difference: Negotiating As If Your Life Depended On It*. New York: Harper Business, 2016.

9장. 피벗의 기술: 기회를 포착하고 방향 전환하기

de Bono, Edward. *Lateral Thinking: Creativity Step by Step*. London: Penguin UK, 2010.

Syed, Matthew. *Black Box Thinking: Why Most People Never Learn from Their Mistakes—But Some Do*. New York: Portfolio/Penguin, 2015.

Wiseman, Liz with Greg McKeown. *Multipliers: How the Best Leaders Make Everyone Smarter*. New York: Harper Business, 2010.

마인드셋

Altucher, James. *Skip the Line: The 10,000 Experiments Rule and Other Surprising Advice for Reaching Your Goals*. New York: Harper Business, 2021.

Dalio, Ray. *Principles: Life & Work*. New York: Simon & Schuster, 2017.

Dweck, Carol. *Mindset: The New Psychology of Success*. New York: Random House, 2006.

Forleo, Marie. *Everything Is Figureoutable*. New York: Portfolio/Penguin, 2019.

Galef, Julia. *The Scout Mindset: Why Some People See Things Clearly and Others Don't*. New York: Portfolio, 2021.

Godin, Seth. *Linchpin: Are You Indispensable?* New York: Portfolio, 2010.

Schwartz, David Joseph. *The Magic of Thinking Big*. New York: Touchstone, 2015.

Snow, Shane. *Smartcuts: How Hackers, Innovators, and Icons Accelerate Success*. New York: Harper Business, 2014.

Vaynerchuk, Gary. *Twelve and a Half: Leveraging the Emotional Ingredients Necessary for Business Success*. New York: Harper Business, 2021.

재정관리

Housel, Morgan. *The Psychology of Money: Timeless Lessons on Wealth, Greed, and Happiness*. Hampshire, UK: Harriman House, 2020.

Perkins, Bill. *Die with Zero: Getting All You Can from Your Money and Your Life*. Boston: Houghton Mifflin Harcourt, 2020.

Robin, Vicki. *Your Money or Your Life: 9 Steps to Transforming Your Relationship with Money and Achieving Financial Independence*. New York: Penguin Books, 2008.

Sabatier, Grant. *Financial Freedom: A Proven Path to All the Money You Will Ever Need*. New York: Avery, 2019.

참고 문헌

서문. 감춰진 시스템을 발견하자 성공이 보였다

Eyal, Nir. *Hooked: How to Build Habit-Forming Products*. New York: Portfolio, 2014.

2장. 해커와 일반인의 차이: 사고방식의 혁명

"Genius Is One Percent Inspiration, Ninety-Nine Percent Perspiration." Quote Investigator, December 14, 2012. https://quoteinvestigator.com/2012/12/14/genius-ratio/.

Ziegler, Maseena. "7 Famous Quotes You Definitely Didn't Know Were From Women." *Forbes*, September 1, 2014. https://www.forbes.com/sites/maseenaziegler/2014/09/01/how-we-all-got-it -wrong-women-were-behind-these-7-famously-inspiring-quotes/.

3장. 취약점 스캐닝: 기회는 어디에나 있다

Bunkley, Nick. "Joseph Juran, 103, Pioneer in Quality Control, Dies." *New York Times*, March 3, 2008. https://www.nytimes.com/2008/03/03/business/03juran.html.

Clear, James. *Atomic Habits: An Easy & Proven Way to Build Good Habits & Break Bad Ones*. New York: Avery, 2018.

"CWE Top 25 Most Dangerous Software Errors." SANS. https://www.sans.org/top25-software-errors/.

"Every Child Is an Artist. The Problem Is How to Remain an Artist Once He or She Grows Up." Quote Investigator, March 7, 2015. https://quoteinvestigator.com/2015/03/07/child-art/.

Hayes, Adam. "The Peter Principle: What It Is and How to Overcome It." Investopedia, August 30, 2023. https://www.investopedia.com/terms/p/peter-principle.asp.

"OWASP Top Ten." OWASP. https://owasp.org/www-project-top-ten/.

"The Offsec OSCP song Try Harder." Muh. Andry Amiruddin, February 4, 2018. YouTube video, 3:24. https://youtu.be/t-bgRQfeW64.

Savage, Adam. "Mike Rowe and MythBusters' Educational Impact." Adam Savage's Tested, December 11, 2022. YouTube video, 11:19. https://youtu.be/BNu2QDiMBHA.

Stack Overflow 2022 Developer Survey. https://survey.stackoverflow.co/2022/.

Yaneer Bar-Yam. "Concepts: Power Law." New England Complex Systems Institute, 2011. http://www.necsi.edu/guide/concepts/powerlaw.html.

4장. 공격적 태도: 수동적 삶에서 벗어나기

Chase, Chris. "Is This the End for Roger Federer?" FOX Sports, July 27, 2016. Archived from the original, https://web.archive.org/web /20190421214011/https://www.foxsports.com/tennis/story/is-this-the-end-for-roger-federer-072716.

Eccleshare, Charlie. "Why Roger Federer Will Never Win Another Grand Slam." Daily Telegraph, May 3, 2016. Archived from the original, https://ghostarchive.org/archive/VZ6Yp.

Frick, Walter. "How to Survive a Recession and Thrive Afterward." *Harvard Business Review*, 2019. https://hbr.org/2019/05/how-to-survive-a-recession-and-thrive-afterward.

Greenberg, Andy. "The Confessions of Marcus Hutchins, the Hacker Who Saved the Internet." Wired, May 12, 2020. Archived from the original, https://web.archive.org/web/20200512121004 /https://www.wired.com/story/confessions-marcus-hutchins-hacker-who-saved-the-internet/.

Gulati, Ranjay, Nitin Nohria, and Franz Wohlgezogen. "Roaring Out of Recession." *Harvard Business Review*, March 2010. https://hbr.org/2010/03/roaring-out-of-recession.

Knopper, Steve. "iTunes' 10th Anniversary: How Steve Jobs Turned the Industry Upside Down." *Rolling Stone*, April 26, 2013. https://www.rollingstone.com/culture/culture-news/itunes-10th-anniversary-how-steve-jobs-turned-the-industry-upside-down-68985/.

O'Shannessy, Craig. "Think You Missed Roger Federer At His Peak? Think Again | ATP Tour | Tennis." *ATP Tour*, December 28, 2017. Archived from the original, https://web.archive.org/web /20200607170223/https://www.atptour.com/en/news/federer-serving-his-best-infosys-2017.

Pingue, Frank. ""Federer's Comeback Season 'Off the Charts', Says Pundits." *Reuters,* August 24, 2017. Archived from the original, https://web.archive.org/web/20200607170215/https://www.reuters.com/article/us-tennis-usopen-federer-idUSKCN1B42E7.

"SCADA Systems and the Terrorist Threat: Protecting the Nation's Critical Control Systems." Joint Hearing, House of Representatives, One Hundred Ninth

Congress, First Session, October 18, 2005: 18–23. www.fas.org/irp/congress/2005_hr/scada.pdf.

5장. 역추적 사고: 목표에서 현재로 거꾸로 생각하기

"APT3." Attack.Mitre.org. https://attack.mitre.org/groups/G0022/.

"APT3: A Nation-State Sponsored Adversary Responsible for Multiple High Profile Campaigns." Cyware. https://cyware.com/blog/apt3-a-nation-state-sponsored-adversary-responsible-for-multiple-high-profile-campaigns-f58c.

Basu, Tanya. "Spilling Silicon Valley's Secrets, One Tweet at a Time." *MIT Technology Review*, April 22, 2022. https://www.technologyreview.com/2022/04/22/1049460/silicon-valley-secrets-twitter-jane-manchun-wong/.

"The Birth of a Company." Dell. https://www.dell.com/learn/aw/en/awcorp1/birth-of-company.

Dell, Michael, and Catherine Fredman. *Direct from Dell: Strategies That Revolutionized an Industry.* New York: Harper Business, 1999.

Dussault, Mike. "Notebook: Belichick Talks Film Study Evolution." Patriots.com, January 7, 2022. https://www.patriots.com/news/notebook-belichick-talks-film-study-evolution.

Horwitz, Darrell. "Moneyball: The Truth About Billy Beane and His Role with the Oakland Athletics." Bleacher Report, September 22, 2011. https://bleacherreport.com/articles/857869-moneyball-the-truth-about-billy-beane-and-his-role-with-the-oakland-athletics.

Konig, Joe. "Play It Faster, Play It Weirder: How Speedrunning Pushes Video Games Beyond Their Limits." *The Guardian*, September 28, 2021. https://www.theguardian.com/culture/2021/sep/29/play-it-faster-play-it-weirder-how-speedrunning-pushes-video-games-beyond-their-limits.

Lewis, Michael D. *Moneyball: The Art of Winning an Unfair Game*. New York: W. W. Norton, 2003.

Sirk, Christopher. "Xerox PARC and the Origins of GUI." CRM.org, June 12, 2020. https://crm.org/articles/xerox-parc-and-the-origins-of-gui.

Szczepaniak, John. "Feature: The Story of the Game Genie, the Cheat Device Nintendo Tried (And Failed) to Kill." *Nintendo Life*, December 26, 2021. https://www.nintendolife.com/features/the-story-of-the-game-genie-the-cheat-device-nintendo-tried-and-failed-to-kill.

6장. 리소스 해킹: 무에서 유를 창조하는 법

"A Breakdown and Analysis of the December, 2014 Sony Hack." Risk-Based Security, December 5, 2014. Archived from the original, https://web.archive.org/web/20160304042516/https://www.riskbasedsecurity.com/2014/12/a-breakdown-and-analysis-of-the-december-2014-sony-hack/.

cedricIGV/awesome-finance. Github.com. https://github.com/cedricIGV/awesome-finance.

"Disaster Movie," April 25, 2021. In *The Lazarus Heist*, produced by BBC. Podcast, 36:46. https://www.bbc.co.uk/sounds/play /p09fktyl.

Gee, Garrett. "Free MacWorld Expo Platinum Pass." *Garrett Gee* (blog), January 14, 2008. https://garrettgee.com/cyber-security/free-macworld-expo-platinum-pass/.

Grutzmacher, Kurt. "Another Free MacWorld Platinum Pass? Yes in 2008!" *Superimposing Nothing Nowhere* (blog), January 14, 2008. http://grutztopia.jingojango.net/2008/01/another-free-macworld-platinum-pass-yes.html.

Grutzmacher, Kurt. "Your Free MacWorld Expo Platinum Pass (valued at $1,695)." *Superimposing Nothing Nowhere* (blog), January 11, 2007. http://grutztopia.jingojango.net/2007/01/your-free-macworld-expo-platinum-pass_11.html.

Keith, Bonnie. *Strategic Sourcing in the New Economy*. New York: Palgrave Macmillan, 2016.

"Kill Switch," June 20, 2021. In *The Lazarus Heist*, produced by BBC. Podcast, 45:07. https://www.bbc.co.uk/sounds/play/p09m14pt.

KrishMunot/awesome-startup. Github.com. https://github.com/KrishMunot/awesome-startup.

"Lazarus Group." ATT&CK, May 31, 2017. Last modified March 30, 2023. https://attack.mitre.org/groups/G0032/.

Lee, Martin, Warren Mercer, Paul Rascagneres, and Craig Williams. "Player 3 Has Entered the Game: Say Hello to 'WannaCry.'" *Talos Intelligence* (blog), May 12, 2017. Archived from the original, https://web.archive.org/web/20210604030643/https://blog.talosintelligence.com/2017/05/wannacry.html.

Leonardo da Vinci Quotes. Goodreads. https://www.goodreads.com/author/quotes/13560.Leonardo_da_Vinci.

"Living Off the Land Binaries, Scripts and Libraries." LOLBAS. https://lolbas-project.github.io/.

LOLBAS-Project/LOLBAS. Github.com. https://github.com/LOLBAS-Project/
LOLBAS.

McCartney, Scott. "Miles for Nothing: How the Government Helped Frequent Fliers
Make a Mint." *Wall Street Journal*, December 7, 2009. https://www.wsj.com/amp/
articles/SB126014168569179245.

Menn, Joseph, and Indraneel Sur. "Microsoft Goof Makes a $400 Shoppers' Gift." *Los
Angeles Times*, January 7, 2000. https://www.latimes.com/archives/la-xpm-2000-
jan-07-mn-51627-story.html.

Secrets of the Dead. Season 16, episode 4, "Leonardo, the Man Who Saved Science." Aired
April 5, 2017, on PBS. https://www.pbs.org/wnet/secrets/leonardo-man-saved-
science-preview/3462/.

sindresorhus/awesome. Github.com. https://github.com/sindresorhus/awesome.

"35 Inspirational Michelangelo Quotes (SCULPTOR)." Graciousquotes.com, March 8,
2023. https://graciousquotes.com/michelangelo/.

7장. 리스크 관리: 계산된 모험을 하는 법

Bruner, Raisa. "A Complete Timeline of Elon Musk's Business Endeavors." *Time*, April
27, 2022. https://time.com/6170834/elon-musk-business-timeline-twitter/.

Chen, James. "Alpha: What It Means in Investing, with Examples." Investopedia, May
25, 2023. https://www.investopedia.com/terms/a/alpha.asp.

Kagan, Noah (@noahkagan). "You should ALWAYS ask for a discount." Twitter, May 20,
2020, 2:54 p.m. https://twitter.com/noahkagan/status/1263181206314561536?l

ang=en.

"The Lottery: Is It Ever Worth Playing?" Investopedia, October 9, 2023. https://www. investopedia.com/managing-wealth/worth-playing-lottery/.

Oliver, John. "Televangelists: *Last Week Tonight with John Oliver*(HBO)." LastWeekTonight, August 17, 2015. YouTube video, 20:05. https://youtu. be/7y1xJAVZxXg?si=FPyPv_Br9iYFk8hk.

Perlroth, Nicole. "Security Experts Expect 'Shellshock' Software Bug in Bash to Be Significant." *New York Times*, September 25, 2014. https://www.nytimes. com/2014/09/26/technology/security-experts-expect-shellshock-software-bug-to-be-significant.html.

Shontell, Alyson. "Why Everyone Should Purposely Sit in the Wrong Seat on an Airplane at Least Once." *Business Insider*, August 10, 2014. https://www.businessinsider. com/noah-kagans-coffee-challenge-helps-you-get-over-fear-2014-8.

8장. 소셜 엔지니어링: 인맥을 활용한 목표 달성

"Doppelganger Domains." Godai Group. https://godaigroup.net/publications/ doppelganger-domains/.

"Getting Started: The Four Tendencies." Gretchen Rubin. https://gretchenrubin.com/ four-tendencies/.

Kinne, Troy, and Steve Philp. "CAN YOU GET IN ANYWHERE WITH A LADDER?" Troy Kinne, June 8, 2015. YouTube video, 3:18. https://youtu.be/NiEMcjSQOzg ?si=PA0LMEdRTotY4iJu.

"Myers-Briggs® Overview." Myers & Briggs Foundation. https://www.myersbriggs.org/
my-mbti-personality-type/mbti-basics/.

"The Nine Enneagram Type Descriptions." The Enneagram Institute. 2023. https://www.
enneagraminstitute.com/type-descriptions.

O'Sullivan, Donie, Brian Fung, and Evan Perez. "Twitter Says Some Accounts Had
Personal Data Stolen in Massive Hack." CNN Business, July 18, 2020. https://
edition.cnn.com/2020/07/18/tech/twitter-hack-data-downloaded/index.html.

"Sockpuppet." CyberWire. https://thecyberwire.com/glossary/sockpuppet.

Toulas, Bill. "Hackers Now Use 'Sock Puppets' for More Realistic Phishing Attacks."
BleepingComputer, September 13, 2022. https://www.bleepingcomputer.com/
news/security/hackers-now-use-sock-puppets-for-more-realistic-phishing-attacks/.

Zetter, Kim. "Researchers' Typosquatting Stole 20 GB of E-Mail from Fortune 500."
Wired, September 8, 2011. https://www.wired.com/2011/09/doppelganger-
domains/.

9장. 피벗의 기술: 기회를 포착하고 방향 전환하기

Ali Abdaal website home page. https://aliabdaal.com/.

Ali Abdaal YouTube channel. https://www.youtube.com/c/aliabdaal.

Chris Sacca website home page. https://chrissacca.com/.

Drozhzhin, Alex. "Black Hat USA 2015: The Full Story of How That Jeep Was Hacked."
Kaspersky, August 7, 2015. https://usa.kaspersky.com/blog/blackhat-jeep-
cherokee-hack-explained/5749/.

Greenberg, Andy. "Hackers Remotely Kill a Jeep on the Highway—With Me in It." *Wired*, July 21, 2015. https://www.wired.com/2015/07/hackers-remotely-kill-jeep-highway/.

Miller, Charlie, and Chris Valasek. "Remote Exploitation of an Unaltered Passenger Vehicle." Black Hat, December 29, 2015. YouTube video, 51:34. https://youtu.be/MAcHkASmXEc?si=L32zA_xo88OPIa82.

Palmer, Emily. "A Fake Heiress Called Anna Delvey Conned the City's Wealthy. 'I'm Not Sorry,' She Says." *New York Times*, May 10, 2019. Archived from the original, https://web.archive.org/web/20210403130655/https://www.nytimes.com/2019/05/10/nyregion/anna-delvey-sorokin.html.

Pressler, Jessica. "Maybe She Had So Much Money She Just Lost Track of It." *New York*, May 2018. https://www.thecut.com/article/how-anna-delvey-tricked-new-york.html.

Rouse, Margaret. "What Is Watering Hole Attack?" SearchSecurity. https://www.techtarget.com/searchsecurity/definition/watering-hole-attack.

"Supply Chain Security Guidance." National Cyber Security Centre. https://www.ncsc.gov.uk/collection/supply-chain-security/watering-hole-attacks.

10장. 5단계 해킹 방법론 마스터하기

Clear, James. "Warren Buffett's '2 List' Strategy: How to Maximize Your Focus and Master Your Priorities." *James Clear* (blog). https://jamesclear.com/buffett-focus.

"The Covey Time Management Matrix Explained." Indeed, July 22, 2022. https://www.indeed.com/career-advice/career-development/covey-time-management-matrix.

"The Eisenhower Matrix: How to Prioritize Your To-Do List." Asana, October 4, 2022. https://asana.com/resources/eisenhower-matrix.

"The 4 Quadrants of Time Management Matrix [Guide]." Timeular, April 30, 2023. https://timeular.com/blog/time-management-matrix/.

"Introducing the Eisenhower Matrix." Eisenhower. https://www.eisenhower.me/eisenhower-matrix/.

Sethi, Ramit. "Here's How to Know If Your Business Idea Is Actually Good." I Will Teach You to Be Rich, December 13, 2016. https://www.iwillteachyoutoberich.com/how-do-i-know-if-my-ideas-are-good/.

Sethi, Ramit. "I Don't Just Launch a Product and Pray. Here's What I Do." I Will Teach You to Be Rich, May 24, 2017. https://www.iwillteachyoutoberich.com/i-dont-just-launch-a-product-and-pray-heres-what-i-do/.

"Steps of the Scientific Method." Science Buddies. https://www.sciencebuddies.org/science-fair-projects/science-fair/steps-of-the-scientific-method.

"What Is Warren Buffett's 5/25 rule?" Quora. https://www.quora.com/What-is-Warren-Buffetts-5-25-rule.

11장. 커리어 방화벽 뚫기

Greenwald, John. "Rank and Fire." Time, June 11, 2001. https://content.time.com/time/business/article/0,8599,129988,00.html.

McLean, Bethany, and Peter Elkind. The Smartest Guys in the Room: The Amazing Rise and Scandalous Fall of Enron. New York: Portfolio, 2003: 28. https://archive.org/

details/smartestguysin00mcle/page/28/mode/2up.

12장. 창업 시스템 해킹: 아이디어에서 성공까지

"Amazon FBA: Fulfillment Services for Your Ecommerce Business." Amazonhttps://sell.
amazon.com/fulfillment-by-amazon.

Balfour, Brian. "Product Channel Fit Will Make or Break Your Growth Strategy."
BrianBalfour.com (blog), July 12, 2017. https://brianbalfour.com/essays/product-
channel-fit-for-growth.

"Bombas Giving." Bombas. https://bombas.com/pages/giving-back.

Crockett, Zachary. "Shark Tank Deep Dive: A Data Analysis of All 10 seasons." *The
Hustle*, May 19, 2019. https://thehustle.co/shark-tank-data-analysis-10-seasons/.

Eatough, Erin. "What Is Ikigai and How Can It Change My Life?" BetterUp, May 7,
2021. https://www.betterup.com/blog/what-is-ikigai.

Hartmans, Avery, Sarah Jackson, Azmi Haroun, and Sam Tabahriti. "The Rise and Fall
of Elizabeth Holmes, the Former Theranos CEO Whose Prison Term Has Been
Shortened by 2 Years." *Business Insider*, July 11, 2023. https://www.businessinsider.
com/theranos-founder-ceo-elizabeth-holmes-life-story-bio-2018-4.

McIntyre, Georgia. "What Percentage of Small Businesses Fail? (And Other Need-to-
Know Stats)." Fundera, November 20, 2020. https://www.fundera.com/blog/
what-percentage-of-small-businesses-fail.

O'Brien, Sara Ashley. "The Rise and Fall of Elizabeth Holmes: A Timeline." CNN
Business, November 17, 2022. https://www.cnn.com/2022/01/04/tech/elizabeth-

holmes-rise-and-fall/index.html.

Pressler, Jessica. "Maybe She Had So Much Money She Just Lost Track of It." *New York*, May 2018. https://www.thecut.com/article/how-anna-delvey-tricked-new-york.html.

Sanchez, Codie (@realcodiesanchez). TikTok profile. https://www.tiktok.com/@realcodiesanchez.

13장. 재정 시스템 해킹: 부자들의 돈 관리 비밀 파헤치기

Cooley, Philip L., Carl M. Hubband, and Daniel T. Walz. "Retirement Savings: Choosing a Withdrawal Rate That Is Sustainable." AAII Journal, February 1998. https://www.aaii.com/files/pdf/6794_retirement-savings-choosing-a-withdrawal-rate-that-is-sustainable.pdf.

Ferriss, Tim. "How to Take a Mini-Retirement: Tips and Tricks." *Tim Ferriss* (blog), June 4, 2008. https://tim.blog/2008/06/04/how-to-take-a-mini-retirement-tips-and-tricks/.

Hoffower, Hillary. "Forget Early Retirement—People Who Saved Enough Money to Travel for Weeks or Years Say a 'Mini-Retirement Is Just as Rewarding." *Business Insider*, August 2, 2019. https://www.businessinsider.com/early-retirement-vs-mini-retirement-advice-how-to-save-2018-6.

Perkins, Bill. *Die with Zero: Getting All You Can from Your Money and Your Life.* Boston: Mariner Books, 2020.

Perkins, Bill. "Forget the Bucket List: Use 'Time Buckets' to Plan a Meaningful Life." *Business Insider*, July 28, 2020. https://www.businessinsider.com/forget-bucketlist-use-time-buckets-to-plan-meaningful-life-2020-7.

Loudenback, Tanza. "There Are 3 Main Types of Early Retirement, and the Only Difference Is How Much You Spend." *Business Insider*, November 12, 2020. https://www.businessinsider.com/personal-finance/what-is-fatfire-vs-leanfire-early-retirement-fire.

Pfau, Wade D. "Sustainable Retirement Spending with Low Interest Rates: Updating the Trinity Study." *Journal of Financial Planning*, August 2015. Financial Planning Association. https://www.financialplanningassociation.org/article/journal/AUG15-sustainable-retirement-spending-low-interest-rates-updating-trinity-study.

"Retirement Plan and IRA Required Minimum Distributions FAQs." IRS. https://www.irs.gov/retirement-plans/retirement-plan-and-ira-required-minimum-distributions-faqs.

"The Shockingly Simple Math Behind Early Retirement." *Mr. Money Mustache* (blog), January 13, 2012. https://www.mrmoneymustache.com/2012/01/13/the-shockingly-simple-math-behind-early-retirement/.

Ware, Bronnie. *The Top Five Regrets of the Dying: A Life Transformed by the Dearly Departing*. Carlsbad, CA: Hay House, 2019.

"Warren Buffett, 'Oracle of Omaha,' Criticises Wall Street and Praises Immigrants." *Guardian*, February 25, 2017. https://www.theguardian.com/business/2017/feb/25/warren-buffett-berkshire-hathaway-wall-street-apple-annual-letter.

옮긴이 심채원

대학에서 논리적 사고와 전략적 마인드를 키우고, 인문학과 자기계발 도서를 번역하면서 인간 내면의 성장에 깊은 관심을 갖게 되었다. 통찰과 논리를 융합해 새로운 가치를 전달하는 일에 관심이 많다. betterme888@naver.com

해커의 비밀 노트

초판 1쇄 발행 | 2024년 12월 17일

지은이 | 개럿 지
옮긴이 | 심채원

펴낸이 | 김윤정
펴낸곳 | 글의온도
출판등록 | 2021년 1월 26일(제2021-000050호)
주소 | 서울시 종로구 삼봉로 81, 442호
전화 | 02-739-8950
팩스 | 02-739-8951
메일 | ondopubl@naver.com
인스타그램 | @ondopubl

© Garrett Gee 2024
ISBN 979-11-92005-58-4   03320